Peter Dyckhoff

Jesus erweckt die Toten

Peter Dyckhoff

Jesus erweckt die Toten

media
maria

Bibliografische Information: Deutsche Nationalbibliothek.
Die Deutsche Nationalbibliothek verzeichnet diese Publikation in der
Deutschen Nationalbibliografie; detaillierte bibliografische Daten sind
im Internet über http://dnb.ddb.de abrufbar.

JESUS ERWECKT DIE TOTEN
Peter Dyckhoff
Media Maria Verlag, 1. Auflage 2019

www.media-maria.de

INHALT

EIN WORT ZUVOR

Ein Blick in das Alte Testament mit seinen zwei Totenerweckungen durch die Propheten Elija und Elischa bereitet auf
das bessere Verstehen der drei Totenerweckungen Jesu vor,
die eng mit dem Alten Testament verknüpft sind. Jesus erwähnt bei seiner Predigt in Nazaret den Propheten Elija, der
als Erster einen Knaben aus dem Tod wieder ins Leben zu-
rückrief. Elija ist gesandt, um Leben aus Gottes Hand zu
spenden.

Im eigentlichen Sinn spricht das Alte Testament von drei
Totenerweckungen. Die dritte wird jedoch in der Regel über-
sehen, da sie nur am Rande erwähnt wird. Sie ereignet sich
nach dem Tod Elischas an seinem Grab. Im Kupferstich des
Matthäus Merian (1630) wird sie bildlich dargestellt, was eine große Seltenheit ist. Ist diese wunderbare Begebenheit einer weiteren Totenerweckung, die fast nebenbei am Ende des
biblischen Berichtes über das Leben des Propheten Elischa erwähnt wird, nicht ein Zeichen dafür, dass Gottes Kraft durch
die Fürsprache Elischas sogar noch über seinen Tod hinaus
wirksam ist?

Alle Totenerweckungen sind nicht nur mit Worten wie-
dergegeben; sie werden auch in Bildern dargestellt. So »hört«
man zum Beispiel im Schauen des Bildes, auf dem Elija und
die Witwe aus Sarepta zu sehen sind, förmlich den Dialog
zwischen beiden.

Der zweite Teil des Buches enthält die drei Totenerweckungen Jesu im Neuen Testament. Die drei Toten, die Jesus

auferweckt, sind ein Kind, ein Jüngling und ein erwachsener Mann. Der Tod wird von immer reiferem Leben erfahren und ist somit stets tiefer vollendet. Durch die drei Totenerweckungen wird deutlich, dass Jesus Macht über jeden Tod hat.

Die blutflüssige Frau und der Vater der verstorbenen Tochter stehen als Vorbilder für den Glauben. Beide Heilungswunder sind miteinander verknüpft; sie sind jeweils eine Geschichte des Glaubens im Angesicht einer unheilbaren Krankheit sowie des Todes. Im Heilen und Auferwecken wird zeichenhaft das Geschenk unvergänglichen Lebens angedeutet. Jesus nimmt in den Verstorbenen das von ihm hervorgerufene Leben wahr. Er sieht die Verstorbenen so, wie Gott sie sieht: lebend. Für ihn ist das kommende Reich bereits gegenwärtig.

Der Einblick in die beiden Totenerweckungen im Alten Testament lässt die Art, in der Jesus Tote erweckt, besser verstehen, da Zusammenhänge deutlich werden.

Lazarus wird zum Symbol für die Kraft, die in der Lage ist, den Tod zu überwinden. Erst von der Lazarusperikope an gibt es im Johannesevangelium den Jünger, den Jesus liebt. Lazarus ist nach seiner Auferweckung ein reiner Wesensspiegel der Herrlichkeit des menschgewordenen Sohnes.

Im dritten Teil werden, wie es der Kirchenlehrer Augustinus interpretiert, die drei Totenerweckungen Jesu im Neuen Testament zu Sinnbildern der sündigen Seele. Es ist für viele Menschen nicht einfach, in der Welt mit ihren vielen Versuchungen zu bestehen und ihren Lebensweg zu gehen, ohne in den Sog des Bösen und der Sünde zu geraten. Die drei Tode der Menschen, die Jesus leiblich erweckt hat, spiegeln die Seele wider, die sich durch die Sünde mehr oder weniger weit von Gott entfernt hat.

Der vierte Teil widmet sich dem Hinabsteigen Jesu in das Reich des Todes. Dieses Geschehen sprechen wir betend im

Glaubensbekenntnis aus. Von den Evangelisten ist es Matthäus, der als Einziger den Abstieg Jesu in den Schoß der Erde erwähnt. Die Bilder des »Abstiegs in das Totenreich« möchten dem Betrachter zeigen, wie die Liebe Jesu auf seinem Weg des Abstiegs sichtbar wird und gleichzeitig, wie sich das Irdische mit dem Himmlischen wieder verbindet. Der erste Adam brachte uns den Tod, der zweite, Christus, schenkt uns das Leben.

Den Abschluss des Buches »Jesus erweckt die Toten« bildet ein Blick in die Apostelgeschichte, die uns von zwei Totenerweckungen berichtet: Petrus erweckt die Jüngerin Tabita und Paulus erweckt Eutychus, einen jungen Mann. Petrus lebt mit einem derart großen Vertrauen und Glauben an Gott, dass er aus dieser Quelle heilen und sogar einen Menschen aus dem Tod ins Leben zurückholen kann. Doch immer wieder kündigt er an, dass nicht er, sondern Jesus Christus heilt und von den Toten erweckt. So zeigt auch das Gebet des Petrus, dass nicht er der Handelnde ist, sondern, dass das Wunder ein Hinweis auf die Gegenwart des erhöhten Herrn ist.

Paulus besucht am Ende seiner dritten Missionsreise die Gemeinde in Troas und wird in ein seltsames Geschehen verwickelt. Er, der bisher am Sabbat in jüdischen Synagogen das Wort Gottes auslegte, tritt jetzt nicht mehr als ein judenchristlicher Missionar unter Juden auf, sondern als Vorsteher des Sonntagsgottesdienstes einer rein christlichen Gemeinde. Ein seltener Kupferstich zeigt das tragische Geschehen, das sich während des Gottesdienstes ereignet. Ein junger Mann stürzt zu Tode und Paulus erweckt ihn wieder zum Leben. Damit sagt der Apostel, dass es im eigentlichen Sinn keinen Tod vor Gott gibt, denn auch ein in dieser Welt Toter lebt vor Gott. Nach der Auferweckung feiert die Gemeinde zusammen mit Paulus den Gottesdienst weiter. Der Bericht ist zugleich das früheste Zeugnis für die Praxis eines sonntäglichen Gottesdienstes.

Den Abschluss bildet ein Kupferstich von Martin Schongauer aus dem Jahr 1478, der den heiligen Johannes darstellt. Die vierzig Abbildungen im Buch möchten dazu beitragen, die Texte zu vertiefen und zu einem verinnerlichten Glauben zu führen.

Peter Dyckhoff

Erster Teil

Die zwei Totenerweckungen im Alten Testament

1. Kapitel

Der Prophet Elija erweckt den Sohn der Witwe von Sarepta

Die erste Totenerweckung im Alten Testament geschah durch den Propheten Elija, dem wichtigsten Propheten nach Mose (vgl. 1. Buch der Könige 17,17–24), der zu den volkstümlichsten Gestalten des Alten Testamentes gehört. In die Geschichte der Könige bis zum Babylonischen Exil sind umfangreiche Abschnitte über das Wirken der Propheten Elija und Elischa eingeschoben. Der Verfasser der Königsbücher ist unbekannt.

Elija trägt einen hebräischen Namen, der übersetzt heißt: »Mein Gott ist Jahwe«. Er kam aus Tischbe in Gilead (Ostjordanland) und lebte in der Zeit der Könige Ahab und Ahasja im zweiten Viertel des neunten Jahrhunderts vor Christus. Elija sagte immer wieder besonders den Armen die Hilfe des Herrn zu. Als er jedoch sah, dass viele den kanaanäischen Vegetationsgott Baal und die Göttin Aschera anbeteten und nicht Jahwe, betete er inständig darum, dass es nicht regnen solle. Darauf kündigte er eine Dürre an, die drei Jahre und sechs Monate dauerte.

Elija war ein Mensch wie wir; er betete inständig, es solle nicht regnen, und es regnete drei Jahre und sechs Monate nicht auf der Erde. Und er betete wieder; da gab der Himmel Regen und die Erde brachte ihre Früchte hervor (Jakobus 5,17–18).

Elija führte einen energischen Kampf gegen die heidnischen Götterkulte, die sich, vom Königshof ausgehend, auch im Volk auszubreiten drohten. Er trug zum späteren Sturz des Königshauses Ahab wesentlich bei. In der Erzählung über die Dürre (vgl. 1. Buch der Könige 17,1–18,46) – das Ausbleiben des Regens hatte katastrophale Folgen für Land und Leute und brachte den Tod – prophezeite Elija den Regen, den er ekstatisch begrüßte. Dies geschah, nachdem sich Israel auf dem Karmel bekehrt hatte. Elija forderte eine klare Entscheidung zwischen der Verehrung des Gottes Baal und dem Herrn.

Dass allein der Herr Leben spendet und es zurückgibt, bewies der Prophet Elija durch die Erweckung eines Toten, des Sohnes der Witwe von Sarepta (vgl. 1. Buch der Könige 17,17–24). Es gab für Elija auch wiederum Zeiten, in denen er an seinem Misserfolg fast zerbrach. Der Herr jedoch stärkte ihn durch seinen Engel und gab Elija in einer Begegnung mit ihm neue Aufträge. Für Elija war und blieb Jahwe der einzige Gott und Spender allen Lebens. Kraft des in Elija wirksam gewordenen Geistes Gottes wird er zu Jahwe entrückt (vgl. 2. Buch der Könige 2,1–18). Da Elija nicht gestorben ist, sondern entrückt wurde, tritt er in der jüdischen Tradition immer wieder als Mittler zwischen Gott und den Menschen auf, und seine Wiederkunft als Vorläufer des Messias wird erwartet.

Im Judentum gilt Elija als Offenbarer jeder Art von Geheimnissen und Bote zwischen Himmel und Erde, der immer wieder unerwartet erscheint. Er hilft gegen Unfruchtbarkeit und gilt als Beschützer der Neugeborenen. Als Künder und Wegbereiter der Endzeit wird er zum Vorläufer des Messias.

Bevor aber der Tag des Herrn kommt, der große und furchtbare Tag, seht, da sende ich zu euch den Propheten Elija. Er wird das Herz der Väter wieder den Söhnen zuwenden und das Herz der Söhne ihren Vätern, damit ich nicht kommen und das Land dem Untergang weihen muss (Maleachi 3,23–24).

DAVID.   DANIEL.   ELIAS.

Gerar. de Iode Excudebat

NOSTRA LABORAVIT QVAM
DEXTERA, SÆPE REMOVI.
INTER OVES CYTHARÆ
FILA SONORA MEÆ

IMPIVS IN CHRISTVM VEN:
TVRO TEMPORE SVRGET
INDICAT HOC CORNV DVX
PECORIS MINIMO

DISPERSIT FALSOS HE:
LIAS ENSE PROPHETAS
ET TENERVM VITÆ
RESTITVIT PVERVM

Elija tritt als Fürsprecher bei Gott ein, schreibt die Taten der Menschen auf, geleitet die Seelen der Verstorbenen ins Jenseits, beschützt die Unschuldigen, die Armen und die Bedrängten. Der spätere Weisheitslehrer Jesus Sirach widmet dem Propheten Elija lobende Worte:

> *Da stand ein Prophet auf wie Feuer,*
> *seine Worte waren wie ein brennender Ofen.*
> *Auf Gottes Wort hin verschloss er den Himmel*
> *und dreimal ließ er Feuer herniederfallen.*
> *Wie Ehrfurcht gebietend warst du, Elija,*
> *wer dir gleichkommt, kann sich rühmen.*
> *Einen Verstorbenen hast du vom Tod erweckt,*
> *aus der Unterwelt, nach Gottes Willen.*
> *Könige hast du gesalbt für die Vergeltung*
> *und einen Propheten als deinen Nachfolger.*
> *Du wurdest im Wirbelsturm nach oben entrückt,*
> *in Feuermassen himmelwärts.*
> *Wohl dem, der dich sieht und stirbt;*
> *denn auch er wird leben.*
> (Jesus Sirach 48,1.3–4.5.8–9.11)

Jesus spielt bei seiner Predigt in Nazaret auf Elija an, der von Gott während der Dürre und Hungersnot nicht zu seinem Volk gesandt wurde, sondern zur Witwe von Sarepta.

> *Wahrhaftig, das sage ich euch: In Israel gab es viele Witwen in den Tagen des Elija, als der Himmel für drei Jahre und sechs Monate verschlossen war und eine große Hungersnot über das ganze Land kam. Aber zu keiner von ihnen wurde Elija gesandt, nur zu einer Witwe in Sarepta bei Sidon* (Lukas 4,25–26).

ELIAS.

Auf dem Berg Tabor erschienen neben dem verklärten Herrn Mose und Elija.

Und er wurde vor ihren Augen verwandelt; sein Gesicht leuchtete wie die Sonne und seine Kleider wurden blendend weiß wie das Licht. Da erschienen plötzlich vor ihren Augen Mose und Elija und redeten mit Jesus (Matthäus 17,2–3).

Die Kirchenväter sehen Elija als Vorbild des christlichen Glaubens und des christlichen Gebetslebens. Sie erwarten seine Wiederkunft vor dem Ende der Zeiten. In den Ostkirchen wird Elija als Nothelfer und Wundertäter verehrt. Die lateinische Kirche hielt sich in der Verehrung von Elija zurück – wie allgemein, was alttestamentliche Gestalten betrifft. Nur der Orden der Karmeliten und Karmelitinnen verehrt ihn als »Führer und Vater«.

Die Entrückung des lebenden Elija im feurigen Wagen mit feurigen Pferden wurde oftmals bildlich dargestellt und mit der Himmelfahrt Christi verglichen. So erscheint auch Elija immer wieder auf Darstellungen der Verklärung Christi. Die wichtigsten Themen, in denen er immer wieder dargestellt wird, sind: die Begegnung mit der Witwe von Sarepta, die Auferweckung ihres Sohnes, Speisung durch einen Raben oder Engel und seine Entrückung im Wagen, der von feurigen Pferden gezogen wird. Die Attribute auf den Darstellungen Elijas sind das Flammenschwert und ein Rabe. Sein Gedächtnistag ist der 20. Juli.

Elija weissagte Ahab, dem König Israels, dass in diesen Jahren weder Tau noch Regen fallen werde. Der König regierte in Samaria zweiundzwanzig Jahre über Israel, tat aber, was dem Herrn missfiel: Er diente Baal und betete ihn an.

Elija zog sich oft in die Einsamkeit zurück. Doch dieses Mal erging das Wort des Herrn an ihn, sich an den Bach Kerit östlich des Jordan zurückzuziehen, denn der König Ahab ließ

den Propheten verfolgen. Elija wurde von Gott in Sicherheit gebracht und mit dem Lebensnotwendigen versorgt. Doch wovon lebte er in der Einöde? Der Bach Kerit war ein wasserreicher Bach, der selbst noch bei beginnender Trockenheit Wasser führte. *Aus dem Bach sollst du trinken und den Raben habe ich befohlen, dass sie dich dort ernähren* (1 Könige 17,4). Elija brach auf und tat, was der Herr gesagt hatte. In der Abgeschiedenheit wurde er wunderbar gespeist. Jahwe speist die Raben und ihre Jungen, und die Raben wiederum speisen den Propheten Elija.

- *Wer bereitet dem Raben seine Nahrung, wenn seine Jungen schreien zu Gott und umherirren ohne Futter?* (Ijob 38,41).
- *Er gibt dem Vieh seine Nahrung, gibt den jungen Raben, wonach sie schreien* (Psalm 147,9).
- *Nach vierzig Tagen öffnete Noach das Fenster der Arche, das er gemacht hatte, und ließ einen Raben hinaus. Der flog aus und ein, bis das Wasser auf der Erde vertrocknet war* (Genesis 8,6–7).

Hier am Bach Kerit sind es die Raben, die Elija versorgen. Sie bringen ihm Brot und Fleisch am Morgen und ebenso am Abend. Elija trinkt aus dem Bach, der aber nach einiger Zeit vertrocknet, denn es fällt im ganzen Land kein Regen. Als besonders klugem Vogel traute man dem Raben die Fähigkeit der Weissagung zu. In vielen Kulturen ist der Rabe ein Bote Gottes – wie auch hier für den Propheten Elija am Bach Kerit –, denn er hat Zugang zu einer anderen Welt.

Nicht der Wassermangel am Bach Kerit, sondern das Wort des Herrn ließ Elija nach Sarepta gehen. *Da erging das Wort des Herrn an Elija: Mach dich auf und geh nach Sarepta, das zu Sidon gehört, und bleib dort! Ich habe dort einer Witwe befohlen, dich zu versorgen* (1. Buch der Könige 17,8–9). Elija hatte während der großen Dürre im Unterschied zu König Ahab nichts zu entbehren. Nachdem er sich am Bach Kerit nicht länger verbergen konnte, war Elija im Gebiet von Sidon vor den Nachstellungen des Königs sicher – obwohl Ahab den Propheten auch in den Nachbarländern suchen ließ.

Er machte sich auf und ging nach Sarepta. Als er an das Stadttor kam, traf er dort eine Witwe, die Holz auflas. Er bat sie: Bring mir in einem Gefäß ein wenig Wasser zum Trinken! Als sie wegging, um es zu holen, rief er ihr nach: Bring mir auch einen Bissen Brot mit! Doch sie sagte: So wahr der Herr, dein Gott, lebt: Ich habe nichts mehr vorrätig als eine Hand voll Mehl im Topf und ein wenig Öl im Krug. Ich lese hier ein paar Stücke Holz auf und gehe dann heim, um für mich und meinen Sohn etwas zuzubereiten. Das wollen wir noch essen und dann sterben.
Elija entgegnete ihr: Fürchte dich nicht! Geh heim und tu, was du gesagt hast. Nur mache zuerst für mich ein kleines Gebäck und bring es zu mir heraus! Danach kannst du für dich und deinen Sohn etwas zubereiten; denn so spricht der Herr, der Gott Israels: Der Mehltopf wird nicht leer werden und der Ölkrug nicht versiegen bis zu dem Tag, an dem der Herr wieder Regen auf den Erdboden sendet. Sie ging und tat, was Elija gesagt hatte. So hatte sie mit ihm und ihrem Sohn viele Tage zu essen. Der Mehltopf wurde nicht leer und der Ölkrug versiegte nicht, wie der Herr durch Elija versprochen hatte (1. Buch der Könige 17,10–16).

Unter einem großen alten Baum – der Prophet Elija sitzt am Boden – unterhält er sich mit der Witwe von Sarepta. Im Hintergund und etwas tiefer gelegen sieht man die Stadt. Die Bewohner leiden entsetzlich unter der Dürre und der damit verbundenen Hungersnot. Die Witwe trägt am linken Arm einen Korb mit gesammeltem Holz. Ihr kleiner Sohn – er mutet an wie ein Engel – will es ihr gleichtun; er hat ein etwas größeres Stück Holz aufgelesen und trägt es auf seiner Schulter.

Die Witwe und ihr Sohn stehen zwischen dem großen, gesunden und bestimmt sehr alten Baum, der zu einem Wald gehört, und einem abgeschlagenen Baumstumpf, der den Blick auf Sarepta freigibt. Seine Wurzeln greifen ins Leere. Auf der Seite des Elija steht der Baum, der Urkraft und Leben symbolisiert, auf der rechten Seite – wo der Knabe steht, schaut man auf den verdorrten Baumstumpf.

Der holländische Kupferstecher Jan Snellinck (1548–1638) will damit den baldigen Tod des Knaben andeuten, des einzigen Sohnes seiner Mutter, die Witwe war. Der Betrachter schaut auf Menschen aus drei Generationen: Elija ist gesandt, um Leben aus Gottes Hand zu spenden; die Witwe aus Sarepta weiß wegen der Hungersnot weder ein noch aus. Sie will aus der Hand voll Mehl und dem wenigen Öl, das sie noch besitzt, eine letzte Speise für sich und ihren Sohn zubereiten. Sie ist darauf vorbereitet, danach vor Hunger zu sterben.

Der Sohn wird von alldem nichts ahnen; er greift mit der rechten Hand vertrauend zur Mutter und sucht bei ihr Halt und Schutz. Elija öffnet seine linke Hand wohlwollend zur Mutter hin und unterstreicht damit sein Leben spendendes Wort. Fast ungläubig nimmt es die Mutter auf, indem sie sich mit der rechten Hand an sich selbst festhält. Die linke Hand hat sie schützend und segnend über ihren kleinen Sohn ausgebreitet. Elija schaut die Witwe von Sarepta an, zu der der Herr ihn geführt hat, und die Witwe schaut mit gesenktem Haupt auf Elija. Im Betrachten des Bildes hört man den Dialog zwischen beiden.

Nach einiger Zeit erkrankte der Sohn der Witwe, der das Haus gehörte. Die Krankheit verschlimmerte sich so, dass zuletzt kein Atem mehr in ihm war. Da sagte sie zu Elija: Was habe ich mit dir zu schaffen, Mann Gottes? Du bist nur zu mir gekommen, um an meine Sünde zu erinnern und meinem Sohn den Tod zu bringen (1. Buch der Könige 17,17–18).

Die Frau fürchtet, dass sie durch die Gegenwart Elijas, den sie bei sich in ihrem Haus aufgenommen hat, das Augenmerk Gottes auf sich und ihre Sünden gelenkt hat und dass er sie nun durch den Tod ihres Sohnes bestraft. Die Witwe sieht im Tod ihres Sohnes nicht ein zufälliges Geschick, sondern eine Strafe für eine schwerwiegende Verfehlung ihrerseits. Die Frage »Was habe ich mit dir zu schaffen?« drückt die tiefe Kluft zwischen der Hausherrin und ihrem Gast aus. Sie glaubt, dass Elija bei Gott als Ankläger fungiert.

> *Er antwortete ihr: Gib mir deinen Sohn! Und er nahm ihn von ihrem Schoß, trug ihn in das Obergemach hinauf, in dem er wohnte, und legte ihn auf sein Bett. Dann rief er zum Herrn und sagte: Herr, mein Gott, willst du denn auch über die Witwe, in deren Haus ich wohne, Unheil bringen und ihren Sohn sterben lassen?*
> *Hierauf streckte er sich dreimal über den Knaben hin, rief zum Herrn und flehte: Herr, mein Gott, lass doch das Leben in diesen Knaben zurückkehren! Der Herr erhörte das Gebet Elijas. Das Leben kehrte in den Knaben zurück und er lebte wieder auf. Elija nahm ihn, brachte ihn vom Obergemach in das Haus hinab und gab ihn seiner Mutter zurück mit den Worten: Sieh, dein Sohn lebt. Da sagte die Frau zu Elija: Jetzt weiß ich, dass du ein Mann Gottes bist und dass das Wort des Herrn wirklich in deinem Mund ist* (1. Buch der Könige 17,19–24).

Auf dem Höhepunkt der Erzählung ist Elija mit dem Kind allein. Er nimmt den Knaben vom Schoß seiner Mutter, trägt ihn ins Obergemach hinauf, wo er wohnt, und legt ihn auf sein Bett. Diese Situation erinnert an die erste Totenerweckung Jesu im Neuen Testament. Die zwölfjährige Tochter des Synagogenvorstehers Jaïrus ist gestorben. Das Wunder der Erweckung wird eingeleitet, indem Jesus die klagenden Frauen und die Umstehenden hinausschickt, um mit den

Eltern, seinen drei Jüngern und der Toten allein zu sein. Der Herr, der direkt in und aus der Kraft Gottes handelt, erweckt die Tote durch Berührung und das Wort: *Talita kum!, das heißt übersetzt: Mädchen, ich sage dir, steh auf!* (Markus 5,41).

Auf ähnliche Weise geht auch Elija vor. Er möchte mit dem toten Knaben allein sein. Dann streckt er sich dreimal über den Knaben hin und betet flehentlich: *Herr, mein Gott, lass doch das Leben in diesen Knaben zurückkehren!* (1. Buch der Könige 17,21). Wie Jesus, so erweckt auch Elija den Toten durch Berührung und das Wort, das er betend zum Herrn spricht. Elija wird erhört und das Leben kehrt in den Knaben zurück. Dann bringt er den Sohn seiner Mutter zurück.

Ein kurzer Dialog zwischen Elija und der Witwe beendet die erste Totenerweckung im Alten Testament. Elija hat sich als Mann Gottes erwiesen, weil er durch Berührung und Gebet einem Kind das Leben zurückgeschenkt hat. Die wunderbare Erweckung ist auf die Erhörung des Gebetes zurückzuführen. Die Witwe von Sarepta ist davon überzeugt, dass das Wort des Herrn wahrhaftig in seinem Mund ist. *Nein, das Wort ist ganz nah bei dir, es ist in deinem Mund und in deinem Herzen, du kannst es halten* (Deuteronomium 30,14).

Der Kupferstecher Jan Snellinck vereint mehrere Szenen der Begegnung des Propheten Elija mit der Witwe von Sarepta und ihrem Sohn auf einem Bild. Dieser Ausschnitt zeigt im Vordergrund den kleinen Sohn der Witwe, ein Holzstück tragend, und neben ihm den Baumstumpf, der mühsam ein wenig Blattwerk hervorbringt. Von dieser Perspektive aus wird der Blick freigegeben auf die Stadt Sarepta in Phönizien, die infolge der Hungersnot wie ausgestorben wirkt. Unter der auf einem Hügel gelegenen mächtigen Burg schaut man am rechten Bildrand auf und in das Haus der Witwe. Eine Person lehnt sich an die geschlossene Haustür.

Auf der rechten Hausseite wird dem Betrachter Einblick gewährt in das Obergemach, in dem Elija mit dem verstorbe-

nen Sohn der Witwe allein ist. Die drei Stufen deuten das Obergemach an. Das Bett mit dem toten Körper des Knaben steht unter einem weit ausgespannten Baldachin. Der Prophet kniet am Fuß des Bettes und ruft zum Herrn und fleht: *Herr, mein Gott, lass doch das Leben in diesen Knaben zurückkehren! Der Herr erhörte das Gebet Elijas. Das Leben kehrte in den Knaben zurück und er lebte wieder auf* (1. Buch der Könige 17,21b–22).

Feinsinnig und zurückhaltend hat der Kupferstecher diesen Hintergrund des Gespräches von Elija mit der Witwe gestaltet. Erst beim genaueren Betrachten sieht man das eigentliche Geschehen: Der Prophet Elija erweckt den toten Knaben der Witwe von Sarepta im Obergemach ihres Hauses. Geöffnetes Gebälk gibt den Blick frei. Um auf dieses wunderbare Geschehen aufmerksam zu machen, ist das Haus der Witwe größer gezeichnet als die anderen Häuser. Auf der aufwärts- und aus dem Bild hinausführenden Straße sind zwei Wanderer mit einem Wanderstab unterwegs. Überall und fast allen Häusern zugeordnet sieht man üppige Bäume – auch auf dem kleinen Hügel direkt vor der Burg. Sie sind Zeichen dafür, dass es sich um eine an sich gesunde Stadt handelt, die jetzt entsetzlich unter der Hungersnot zu leiden hat. Als Vorwegnahme der Aufhebung der Hungersnot bringt jetzt Elija durch die Erweckung des Knaben neues Leben in diese Stadt.

Der Prophet, der lange genug durch die Isolation gegangen ist und den oftmals Ängste und Zweifel plagen, vermag aus dem Wort der Witwe Kraft und Selbstvertrauen zu schöpfen. Sie baut ihn förmlich mit ihren Worten auf: »Du bist ein wahrer Gottesmann, und dein Gott hat Macht über Leben und Tod und ist verlässlich.« Mit diesem wiedergewonnenen Selbstbewusstsein kann Elija den neuen Auftrag seines Gottes annehmen und ausführen.

Kurz bevor Elija seinen Nachfolger Elischa als Propheten berief, musste er erneut vor Ahab in die Wüste fliehen. Er

wünschte sich den Tod, doch ein Engel des Herrn kam dreimal zu ihm und gab ihm neue Kraft. Daraufhin wanderte Elija vierzig Tage und vierzig Nächte zum Gottesberg Horeb. Hier, in einer Höhle, erging das Wort des Herrn an ihn, zwei auserlesene Männer zu Königen zu salben und Elischa zu seinem Nachfolger zu berufen. *Elischa, den Sohn Schafats aus Abel-Mehola, salbe zum Propheten an deiner Stelle* (1. Buch der Könige 19,16b). Elija tat, wie der Herr gesagt hatte, und nahm Elischa in seinen Dienst. Beide Propheten waren unzertrennlich und sie setzten sich unermüdlich für Israel ein. Eines Tages, als die Zeit gekommen war, wussten Elija und Elischa, dass der Herr Elija an diesem Tag in einem Wirbelsturm in den Himmel aufnehmen wollte.

Elija sagte zu Elischa: Sprich eine Bitte aus, die ich dir erfüllen soll, bevor ich von dir weggenommen werde. Elischa antwortete: Möchten mir doch zwei Anteile deines Geistes zufallen. Elija entgegnete: Du hast etwas Schweres erbeten. Wenn du siehst, wie ich von dir weggenommen werde, wird es dir zuteilwerden. Sonst aber wird es nicht geschehen. Während sie miteinander gingen und redeten, erschien ein feuriger Wagen mit feurigen Pferden und trennte beide voneinander. Elija fuhr im Wirbelsturm zum Himmel empor (2. Buch der Könige 2,9–11).

Nachdem Elija in den Himmel entrückt worden war, trat der Prophet Elischa an seine Stelle und vollbrachte viele Wunder, zu denen auch die zweite Totenerweckung im Alten Testament gehört.

2. Kapitel

Der Prophet Elischa erweckt den Sohn der Frau aus Schunem

Elischa ist der legitime Nachfolger des Propheten Elija. Das Wirken des Propheten Elischa beginnt aber erst mit der wunderbaren Entrückung Elijas in den Himmel, deren Zeuge Elischa wurde. Der Geist Elijas und damit Gottes Geist ging zweifach auf Elischa über – so, wie er es sich gewünscht hatte –, sodass er zu Wundertaten fähig wurde.

Der Name »Elischa«, der auch mit »Elisa« oder »Elisäus« gleichgesetzt wird, ist ein hebräischer Name und heißt »Gott hilft«. Überwiegend jedoch wird für Elischa der Name »Gottesmann« verwendet. Elischa ist Sohn eines wohlhabenden Bauern und stammt aus einem Dorf im fruchtbaren Jordantal, fünfundzwanzig Kilometer südlich des Sees von Tiberias. Seine Berufung geschah auf folgende Weise:

Als Elija von dort (Damaskus) *weggegangen war, traf er Elischa, den Sohn Schafats. Er war gerade mit zwölf Gespannen am Pflügen und er selbst pflügte mit dem zwölften. Im Vorbeigehen warf Elija seinen Mantel über ihn. Sogleich verließ Elischa die Rinder, eilte Elija nach und bat ihn: Lass mich noch meinem Vater und meiner Mutter den Abschiedskuss geben; dann werde ich dir folgen* (1. Buch der Könige 19,19–20a).

Elischa wirkte als Prophet um 850 bis 800 vor Christus während der Regierungszeit von drei Königen: Joram, Jehu und seinem Sohn Joahas. Er setzte den Kampf Elijas gegen den heidnischen Baalskult und seine Arbeit für die Wiederherstellung der Jahwe-Religion in Israel fort. Obwohl Elischa eine große Achtung bei den Königen und beim Volk besaß, erreichte er nicht den Bekanntheitsgrad seines Vorgängers. Das ist allein schon daran zu erkennen, dass der Prophet Elija im Neuen Testament dreißigmal, während der Name des Propheten Elischa nur einmal genannt wird. Der Weisheitslehrer Jesus Sirach spricht den Propheten Elija und Elischa höchstes Lob aus. Zu Elischa schreibt er:

Elija – er wurde vom Wirbelsturm verhüllt und Elischa wurde mit seinem Geist erfüllt; zu seiner Zeit wurde er von keinem Herrscher ins Wanken gebracht und niemand hatte Macht über ihn. Kein Wort ging über seine Kraft und noch im Tod hat sein Leib prophezeit. In seinem Leben hat er Wunder getan und im Tod waren seine Werke erstaunlich (Jesus Sirach 48,12–14).

Elischa war in der Lage, elementare Nöte wie Hunger, Kindersterblichkeit und Tod zu mildern und zu überwinden. Zwischenzeitlich hielt er sich – wie sein großer Lehrer, der Prophet Elija – immer wieder auf dem Berg Karmel auf, um zu schweigen und zu beten. Der Karmel ist ein dreißig Kilometer langes Gebirge mit bis zu über fünfhundert Meter hohen Bergrücken. Seit alters her galt der Karmel als »heiliger Berg«.

- *Von dort* (Bet-El) *ging er zum Berg Karmel und kehrte dann nach Samaria zurück* (2. Buch der Könige 2,25).
- *So reiste sie* (die Frau aus Schunem) *ab und kam zum Gottesmann auf den Karmel* (2. Buch der Könige 4,25a).

Die von Elischa erzählten Wunderberichte sind zahlreich. Der Auferweckung des Knaben der Schunemiterin – um dieses Wunder geht es in diesem Kapitel vornehmlich – geht unmittelbar ein anderes Wunder voraus: das Ölwunder. Einige der Prophetenschüler des Elischa waren verheiratet, andere lebten ehelos in größeren Gemeinschaften. Die Witwe eines Prophetenjüngers ist durch den Tod ihres Mannes in finanzielle Not geraten. Ihren beiden Söhnen droht die Schuldknechtschaft, das heißt, der Gläubiger kann für eine gewisse Zeit die Arbeitskraft der Söhne in Anspruch nehmen. Die Witwe klagt dem Propheten ihre Not. Auf die Frage Elischas, was sie im Haus habe, antwortete sie: »Nichts als einen Krug Öl«.

Da sagte er: Geh und erbitte dir auf der Gasse von allen deinen Nachbarn leere Gefäße, aber nicht zu wenige! Dann geh heim, verschließ die Tür hinter dir und deinen Söhnen, gieß Öl in all diese Gefäße und stell die gefüllten beiseite! (2. Buch der Könige 4,3–4).

Der Ölkrug der Witwe versiegt erst, als kein leeres Gefäß mehr zur Verfügung steht. Der Prophet hilft ihr und ihren beiden Söhnen aus der Not, indem er das letzte Öl, das sich im Haus befindet, auf diese wunderbare Weise vermehrt. Das Öl, die Überfülle des Öls, muss erst zu Geld gemacht werden, ehe der Gläubiger befriedigt werden kann. So sorgt Elischa indirekt für die nötigen Geldmittel zur Abwendung des drohenden Schicksals. Er setzt seine Kraft, Wunder zu wirken, dafür ein, in Not geratenen Menschen zu helfen, für die er Verantwortung trägt und die seiner Fürsorge anvertraut sind.

Unmittelbar an dieses Ölwunder schließt sich die durch den Propheten Elischa bewirkte zweite Totenerweckung im Alten Testament an. Elischa hält sich in Schunem auf, einem Ort nördlich von Jesreel am Fuß des Berges Hermon. Hier

macht er die Bekanntschaft mit einer dort ansässigen vornehmen Frau und ihrem Mann. Sooft er vorbeikommt, kehrt er zum Essen bei ihnen ein. Die Frau erkennt Elischa als heiligen Gottesmann und beschließt, ein kleines gemauertes Obergemach herzurichten – ausgestattet mit einem Bett, einem Tisch, einem Stuhl und einem Leuchter. Als Elischa eines Tages mit seinem Diener Gehasi wieder nach Schunem kommt, ist alles für ihn vorbereitet. Das Obergemach ist die Stätte des späteren Wunders.

> *Du hast dir so viel Mühe um uns gemacht. Was können wir für dich tun? Sollen wir beim König oder beim Obersten des Heeres ein Wort für dich einlegen? Doch sie entgegnete: Ich wohne inmitten meiner Verwandten. Und als er weiter fragte, was man für sie tun könne, sagte Gehasi: Nun, sie hat keinen Sohn und ihr Mann ist alt* (2. Buch der Könige 4,13b–14).

Elischa bittet die Schunemiterin, ins Obergemach zu kommen, und er versichert ihr, im nächsten Jahr um diese Zeit einen eigenen Sohn zu haben. Trotz ihrer Bedenken – sie kann kaum glauben, was ihr prophezeit wird – erfüllt sich das Versprechen. Im nächsten Jahr um die Zeit, die Elischa genannt hatte, bringt sie einen Sohn zur Welt.

> *Als das Kind herangewachsen war, ging es eines Tages zu seinem Vater hinaus zu den Schnittern. Dort klagte es ihm: Mein Kopf, mein Kopf! Der Vater befahl seinem Knecht: Trag das Kind heim zu seiner Mutter! Der Knecht nahm es und brachte es zu ihr. Es saß noch bis zum Mittag auf ihren Knien; dann starb es* (2. Buch der Könige 4,18–20).

Der Knabe hilft seinem Vater bei der Ernte und er erleidet aller Wahrscheinlichkeit nach einen Hitzschlag. Während der Getreideernte im Mai bringt der aus dem Osten kommende

Schirokko mitunter eine solche Hitze mit, dass jemand am Hitzschlag sterben kann. Ein solches Schicksal erfährt Manasse, der Mann Judits:

> *Ihr Mann Manasse, der aus ihrem Stamm und ihrer Sippe war, hatte zur Zeit der Gerstenernte den Tod gefunden. Als er nämlich bei den Garbenbindern auf dem Feld stand, traf ihn ein Hitzschlag; er musste sich zu Bett legen und starb in seiner Heimatstadt Betulia* (Judit 8,2–3a).

Die Mutter steigt mit ihrem toten Sohn in das obere Gemach hinauf, legt das Kind auf das Bett des Gottesmannes und schließt die Tür hinter ihm ab. Dann verlässt sie eilends das Haus, ruft ihren Mann und bittet ihn um einen Knecht und um einen Esel. Ohne beim Reiten aufgehalten zu werden, kommt sie entschlossen und unbeirrbar zum Propheten Elischa auf den Berg Karmel. Sie weiß, dass sich der Gottesmann immer wieder und gern auf dem heiligen Berg aufhält. Die Entfernung von Schunem bis zum Karmel beträgt ungefähr fünfundzwanzig Kilometer. Elischa sieht sie von ferne und bittet seinen Diener Gehasi, der Schunemiterin entgegenzugehen.

> *Sobald sie aber zum Gottesmann auf den Berg kam, umfasste sie seine Füße. Gehasi trat hinzu, um sie wegzudrängen; aber der Gottesmann wehrte ab: Lass sie, denn ihre Seele ist betrübt. Doch der Herr hat mir den Grund verborgen und mir nicht mitgeteilt. Darauf sagte sie: Habe ich denn meinen Herrn um einen Sohn gebeten? Habe ich nicht gesagt: Mach mir keine falschen Hoffnungen?* (2. Buch der Könige 4,27–28).

So erfährt Elischa, dass ihr Sohn nicht mehr lebt. Da Eile geboten ist, befiehlt er Gehasi, sich zu gürten, den Stab des Propheten in die Hand zu nehmen und sich auf den Weg nach

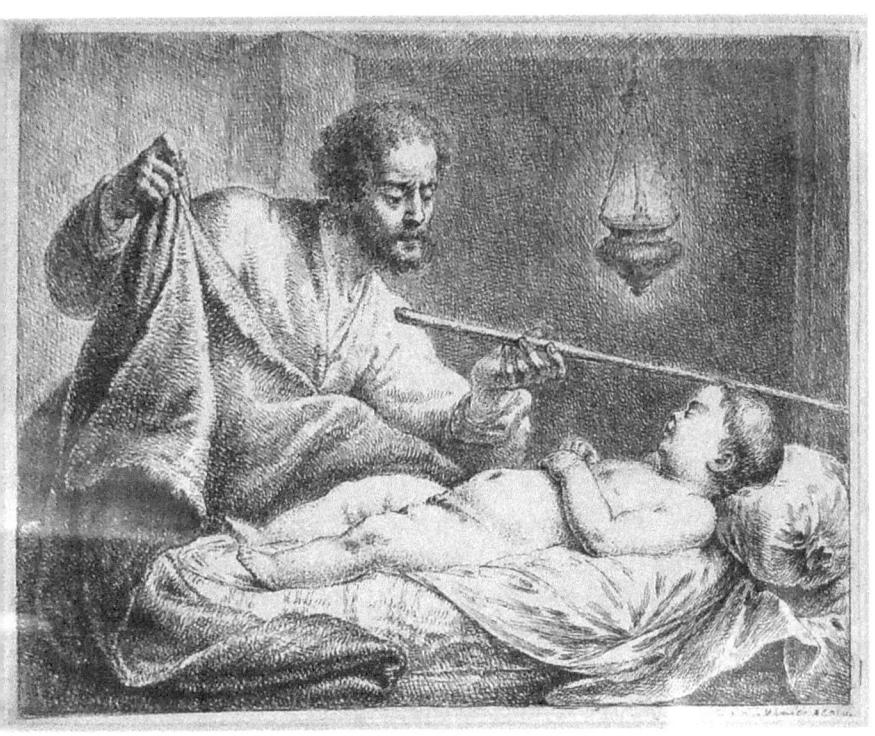

Schunem zu begeben. Um keine Zeit zu verlieren, soll er niemanden unterwegs grüßen, und wenn er gegrüßt wird, nicht antworten. Mit der Anweisung Elischas, seinen Stab auf das Gesicht des Kindes zu legen, verlässt Gehasi eilends den Karmel. Elischa schickt also seinen Diener voraus, um das Kind aufzuerwecken. Die Mutter aber bleibt skeptisch und weicht nicht von der Seite des Propheten. Sie gibt sich nicht mit der Hoffnung auf eine Fernerweckung ihres Kindes zufrieden und bittet Elischa, mit ihr nach Schunem zu kommen.

Die Mutter lässt so lange nicht ab vom Propheten, bis er aufsteht und ihr folgt. Gehasi, der den beiden nach Schunem vorauseilt, führt den Auftrag Elischas aus. Er legt den Stab auf das Gesicht des Kindes, doch es kommt kein Laut und kein Lebenszeichen. So kehrt er – ohne den Knaben erweckt zu haben – zum Gottesmann zurück und berichtet ihm davon.

Als Elischa in das Haus kam, lag das Kind tot auf seinem Bett. Er ging in das Gemach, schloss die Tür hinter sich und dem Kind und betete zum Herrn. Dann trat er an das Bett und warf sich über das Kind; er legte seinen Mund auf dessen Mund, seine Augen auf dessen Augen, seine Hände auf dessen Hände. Als er sich so über das Kind hinstreckte, kam Wärme in dessen Leib. Dann stand er auf, ging im Haus einmal hin und her, trat wieder an das Bett und warf sich über das Kind. Da nieste es siebenmal und öffnete die Augen (2. Buch der Könige 4,32–35).

Der Höhepunkt des Berichtes dieser zweiten Totenerweckung im Alten Testament besteht darin, dass Elischa den verstorbenen Sohn der gastfreundlichen und liebenswerten Frau aus Schunem erweckt. Der Gottesmann will zunächst, nachdem er das Obergemach betreten hat, mit dem Kind allein sein. Er betet zum Herrn und vollzieht dann ein ganz besonderes Ritual. Durch intensiven Körperkontakt, der die

Lebensenergie des Spenders auf das Kind übertragen soll, kommt Leben und Wärme in den Knaben. Nach einer kurzen Pause – Elischa geht im Haus einmal hin und her – wiederholt er diesen Ritus. Zum Zeichen des wiedergewonnenen Lebens niest das Kind siebenmal und schlägt dann seine Augen auf.

Es ist also nur dem intensiven, wiederholten und persönlichen Einsatz des Propheten Elischa zu verdanken, dass der Sohn der Schunemiterin vom Tod in das Leben zurückgekehrt ist. Der Diener Gehasi erkennt – und durch ihn auch der Prophet –, dass Austreibung, Magie oder Zauber nicht zum Erfolg führen. Durch den Misserfolg Gehasis wird die Erhabenheit Elischas noch einmal ganz besonders hervorgehoben.

Nun rief Elischa seinen Diener Gehasi und befahl ihm, die Schunemiterin zu rufen. Er rief sie, und als sie kam, sagte der Gottesmann zu ihr: Nimm deinen Sohn! Sie trat hinzu, fiel Elischa zu Füßen und verneigte sich bis zur Erde. Dann nahm sie ihren Sohn und ging hinaus (2. Buch der Könige 4,36–37).

Dieses Geschehen ist auf dem letzten Kupferstich noch einmal wunderbar dargestellt. Elischa kommt aus dem Obergemach und hat die Tür weit geöffnet. Mit einer Geste der Hingabe und des Segens gibt er der Schunemiterin ihren Sohn liebevoll zurück – die Stufen führen nach unten. Voll Freude und Dankbarkeit nimmt die Mutter ihren Sohn im Empfang; mit ihrem linken Arm umfängt sie seinen Oberkörper, als ob sie ihn aufrichten wolle. In ihre rechte Hand bettet sie fürsorgend seinen Lockenkopf. Noch zögernd und ungläubig, dass er wirklich lebt, schaut sie ihrem Sohn in die Augen. Dieser trägt in seiner linken Hand einen Wanderstab – es wird wahrscheinlich der des Propheten sein, den der Diener Gehasi nicht recht zu handhaben wusste. Über dem Kopf der Mutter sieht man eine Ablage, auf der ein Ölkännchen steht.

Die linke Bildhälfte füllt ein Tor aus, das im Gegensatz zur Tür ins Obergemach nach draußen führt. Das Tor ist geöffnet und Gehasi, der Diener des Propheten, möchte hereinkommen, um an diesem wunderbaren Geschehen teilzunehmen. Seine Gestalt ist im Gegensatz zu den anderen drei Gestalten in Schatten gehüllt. Ehrerbietig und betend führt er seine beiden Hände zusammen. Das geistige Erbe des Propheten Elischa anzutreten, bleibt ihm leider versagt, obwohl der Gottesmann, der dieses Erbe im doppelten Sinn von seinem Lehrer Elija angenommen hat, es mehrmals versuchte. Die Heilung durch den Stab des Propheten erfolgte nicht. Daher kann Gehasi leider nur eine »Türsteher«-Funktion einnehmen, doch hilft und bedeutet er dem Gottesmann sehr viel.

Als Elischa von der Krankheit befallen wurde, an der er sterben sollte, ging Joasch, der König von Israel, zu ihm hinab. Er weinte vor ihm und rief: Mein Vater, mein Vater! Wagen Israels und sein Lenker!
Elischa starb und man begrub ihn. In jenem Jahr fielen moabitische Räuberscharen in das Land ein. Als man einmal einen Toten begrub und eine dieser Scharen erblickte, warf man den Toten in das Grab Elischas und floh. Sobald aber der Tote die Gebeine Elischas berührte, wurde er wieder lebendig und richtete sich auf (2. Buch der Könige 13,14.20–21).

Dass diese, wohl eher am Rande erwähnte dritte Totenerweckung im Alten Testament im Kupferstich des Matthäus Merian (1630) bildlich dargestellt ist, bedeutet eine große Seltenheit. Moabitische Räuberscharen haben das Land überfallen und viele Dörfer zerstört – auch manche Friedhöfe. So wurde das Grab des Propheten Elischa geöffnet und entehrt. In den Wirren des Krieges wird ein Toter zu Grabe getragen. Als die Träger der Totenbahre, rechts im Bild, und die anderen

Trauernden in der Ferne unter der Burg die kämpfenden Heerscharen erblicken, bekommen sie Angst und wollen so bald wie möglich fliehen. Um schnell den Friedhof wieder verlassen zu können, legen sie den Toten in das aufgedeckte Grab des Elischa. Sein Skelett ist zu sehen.

In dem Augenblick, in dem der Tote die Gebeine des Propheten berührt, strömt Leben in ihn, und er richtet sich auf. Man sieht deutlich seine zusammengebundenen Hände – eine Notwendigkeit, damit die Arme des Toten nicht von der Bahre herunterfallen. Vor allem aber sieht man den aufgeschreckten und fragenden Blick des zum Leben Erweckten. Voll Entsetzen und Verwunderung halten die Fliehenden inne, denn sie können das Wunder der Erweckung nicht fassen.

Ist diese wunderbare Begebenheit einer weiteren Totenerweckung, die fast nebenbei am Ende des biblischen Berichtes über das Leben des Propheten Elischa erwähnt wird, nicht ein Symbol dafür, dass Gottes Kraft in Elischa sogar noch über dessen Tod hinaus wirksam ist?

- *Deine Toten werden leben, meine Leichen stehen auf. Wacht auf und jubelt, ihr Bewohner des Staubes* (Jesaja 26,19a).

- *Da sprach ich* (Ezechiel) *als Prophet, wie mir befohlen war; und noch während ich prophetisch redete, war da ein Geräusch: Und siehe, ein Beben: Die Gebeine rückten zusammen, Bein an Bein. Und als ich hinsah, siehe, da waren Sehnen auf ihnen, Fleisch umgab sie und Haut überzog sie von oben. Aber es war kein Geist in ihnen. Da sagte er zu mir: Rede als Prophet zum Geist, rede prophetisch, Menschensohn, sag zum Geist: So spricht Gott, der Herr: Geist, komm herbei von den vier Winden! Hauch diese Erschlagenen an, damit sie lebendig werden! Da sprach ich als Prophet, wie er mir befohlen hatte, und es kam der Geist in sie. Sie wurden lebendig und sie stellten sich auf ihre Füße – ein großes, gewaltiges Heer* (Ezechiel 37,7–10).

- *Von denen, die im Land des Staubes schlafen, werden viele erwachen. Die Verständigen werden glänzen wie der Glanz der Himmelfeste und die Männer, die viele zum rechten Tun geführt haben, wie die Sterne für immer und ewig. Du, Daniel, halte die Worte geheim und versiegle das Buch bis zur Zeit des Endes! Viele werden nachforschen und die Erkenntnis wird groß sein* (Daniel 12,2a.3–4).

Zweiter Teil

Die drei Totenerweckungen Jesu im Neuen Testament

Die drei Toten, die Jesus auferweckte, waren ein Kind, ein Jüngling und ein erwachsener Mann. Der Tod wird von immer reiferem Leben erfahren und ist somit immer tiefer vollendet.

- Das Mädchen ist gerade verstorben und liegt in der Kammer, als Jesus ihm begegnet. Bei der Tochter des Jaïrus ist der Tod gerade erst eingetreten.
- Der Jüngling wird auf einer Bahre durch das Stadttor zu Grabe getragen. Unterhalb des Stadttores begegnet Jesus dem Trauerzug und der Mutter, die ihren toten Sohn auf seinem letzten Weg begleitet. Bei dem Jüngling von Naïn ist der Tote schon auf dem Weg in die Erde hinein.
- Lazarus, ein reifer Mann, ist bereits beerdigt und liegt schon vier Tage im Grab; Verwesungsgeruch geht von ihm aus.

An diesen drei Totenerweckungen wird deutlich, dass Jesus Macht über jeden Tod hat.

1. Kapitel

Jesus erweckt die Tochter des Jaïrus

Die Auferweckung der Tochter des Synagogenvorstehers Jaïrus wird von den drei Evangelisten Matthäus (9,18–26), Markus (5,21–43) und Lukas (8,40–56) berichtet. Der Synagogenvorsteher hat eine unerhörte Erwartung an Jesus, denn er bittet ihn, zu kommen, um seine Tochter, die im Sterben liegt, zu heilen. Der Synagogenvorsteher, der den Gottesdienst leitet und für die Errichtung und Instandhaltung des Gebäudes verantwortlich ist, trägt den Namen Jaïrus. Dieser hebräische Name, der als Verheißung verstanden wird, bedeutet übersetzt: »Die Gottheit möge erstrahlen«. Der jüdische Synagogenvorsteher bekleidet im Ort das höchste religiöse Amt.

Jaïrus bittet Jesus, indem er ihm zu Füßen fällt, sofort zu kommen, um seiner Tochter, die im Sterben liegt, die Hände aufzulegen. Der stechende Schmerz über seine sterbende Tochter führt ihn zu Jesus. Das Niederfallen vor ihm unterstreicht die Bitte des Jaïrus. Er drückt damit seine Glaubensüberzeugung aus, dass Jesus mit der Auflegung seiner Hand heilen kann. Das Mädchen befindet sich bereits im Sterben – ein Menschenleben geht zu Ende, kaum dass es begonnen hat. Größte Eile tut Not. Sofort ist der Herr bereit und macht sich mit seinen Jüngern auf den Weg. Viele

Menschen folgen ihm und drängen sich um ihn. Doch er wird aufgehalten.

Darunter war eine Frau, die schon zwölf Jahre an Blutfluss litt. Sie war von vielen Ärzten behandelt worden und hatte dabei sehr zu leiden; ihr ganzes Vermögen hatte sie ausgegeben, aber es hatte ihr nichts genutzt, sondern ihr Zustand war immer schlimmer geworden. Sie hatte von Jesus gehört. Nun drängte sie sich in der Menge von hinten heran und berührte sein Gewand. Denn sie sagte sich: Wenn ich auch nur sein Gewand berühre, werde ich geheilt (Markus 5,25–28).

Die blutflüssige Frau, die sich in der Menschenmenge ungesehen in die unmittelbare Nähe Jesu geschlichen hatte, glaubt an die Macht Jesu und unterstellt sich seinem rettenden Schutz. Die Not der Frau war unendlich groß, denn als Blutflüssige galt sie als unrein – und dies schon seit zwölf Jahren. Unter Blutfluss versteht man heute den Kreislauf, den das Blut im Körper nimmt. Zur Zeit Jesu jedoch bedeutete das Wort Blutfluss eine Frauenkrankheit, bei der die Blutungen nicht aufhörten. Eine Frau, die an Blutfluss litt, blieb ständig ausgegrenzt. Sie litt unaufhörlich darunter, eine Frau zu sein: ein Krankheitssymptom im Umfeld großer persönlicher Einsamkeit, die sie immer mehr einengte.

Diese Frau, deren Namen nicht genannt wird und deren eigentliches Schicksal unbekannt bleibt, durchbricht das Tabu der Unreinheit, indem sie Jesus berührt. Wegen der Tabuisierung ihres Leidens bittet sie nicht laut um Hilfe, sondern nur still durch einen Gestus. Mit diesem Mut, Jesus von hinten zu berühren, wächst sie auf einmal über ihre eigene Krankheit hinaus.

Die blutflüssige Frau hatte alles darangesetzt, von ihrer Krankheit geheilt zu werden; sie hatte sich niemals damit abgefunden. Bei allem, was sie investierte um gesund zu

werden, verausgabte sie sich völlig und wurde immer kränker. Jetzt – bei Jesus in der Menge – erlebt sie es, dass sie einfach ihre Hand ausstrecken darf, ohne zurückgewiesen zu werden – nur einfach eine Berührung.

Dass sich Jesus auf dem Weg zum Haus des Synagogenvorstehers Jaïrus und seiner sterbenden Tochter noch der blutflüssigen Frau annimmt, bedeutet eine dramatische Verzögerung.

Sie sagte sich: Wenn ich auch nur sein Gewand berühre, werde ich geheilt. Und sofort versiegte die Quelle des Blutes und sie spürte in ihrem Leib, dass sie von ihrem Leiden geheilt war. Im selben Augenblick fühlte Jesus, dass eine Kraft von ihm ausströmte (Markus 5,28–30a).

Sich umwendend bemerkt Jesus die Frau. Der Glaube, der die Hände dieser Frau bewegt, vermittelt ihr bereits die Heilung. Sie braucht nur den Saum seines Gewandes zu berühren – sie hat grenzenloses Vertrauen. Das Wunder kommt durch eine von Jesus ausgehende heilende Kraft zustande. Jesus, obwohl er es nicht direkt sieht, spürt es. Ein Kreis schließt sich, durch den die Energie der Heilung strömt. Von Jesus strömt eine Kraft aus, die den »Ausfluss« der Frau versiegen lässt. Jesus hilft in nur einem Augenblick, während Ärzte sich jahrelang vergeblich um Heilung bemühten.

Er wandte sich in dem Gedränge um und fragte: Wer hat mein Gewand berührt? Seine Jünger sagten zu ihm: Du siehst doch, wie sich die Leute um dich drängen, und da fragst du: Wer hat mich berührt? Er blickte umher, um zu sehen, wer es getan hatte. Da kam die Frau, zitternd vor Furcht, weil sie wusste, was mit ihr geschehen war; sie fiel vor ihm nieder und sagte ihm die ganze Wahrheit. Er aber sagte zu ihr: Meine Tochter, dein Glaube hat dich gerettet. Geh in Frieden! Du sollst von deinem Leiden geheilt sein (Markus 5,30b–34).

Auf die Frage, wer ihn berührt hat, äußern die Jünger, dass sie im Volksgedränge nicht feststellen können, wer es gewesen ist. Wenn Jesus heilt, so geht die Kraft von ihm aus. Diese göttliche Kraft wirkt sowohl auf das Denken und Fühlen als auch bis ins Körperliche hinein. Jesu Abschiedsgruß entlässt die Frau in den Frieden, den der Glaube schenkt. Der Glaube überschreitet das dem Menschen Mögliche ins »Unmögliche« der Allmacht Gottes.

Während der Heilung und während des Gesprächs mit der blutflüssigen Frau stirbt die Tochter des Jaïrus. Jesus will einer Sterbenden helfen und wird am Ende eine Verstorbene erwecken.

Während Jesus noch redete, kamen Leute, die zum Haus des Synagogenvorstehers gehörten, und sagten: Deine Tochter ist gestorben. Warum bemühst du den Meister noch länger? Jesus, der diese Worte gehört hatte, sagte zu dem Synagogenvorsteher: Fürchte dich nicht! Glaube nur! (Markus 5,35–36).

Die blutflüssige Frau und der Vater der verstorbenen Tochter stehen als Vorbilder für den Glauben. Man sollte sich daher mitfühlend in die Situation der zwölf Jahre andauernden Krankheit und der Konfrontation mit dem Tod versetzen. Beide Heilungswunder sind miteinander verknüpft; sie sind jeweils eine Geschichte des Glaubens im Angesicht einer unheilbaren Krankheit sowie des Todes. Der Tod ist der äußere Fall der Krankheit. Im Heilen oder Auferwecken wird zeichenhaft das Geschenk unvergänglichen Lebens angedeutet.

Die Umstehenden versuchen, Jaïrus davon abzuhalten, Jesus weiter zu belästigen. Jesus jedoch bestärkt sein Vertrauen und seinen Glauben und geht zusammen mit Petrus, Jakobus und Johannes zum Haus des Synagogenvorstehers. Durch die Ermutigung Jesu überschreitet der Glaube des Jaïrus ebenso die Grenzen wie bei der blutflüssigen Frau und transzendiert damit das dem Menschen Mögliche ins Unmögliche der Allmacht Gottes. Selbst vor der ungeheuren Macht des Todes kapituliert echter Glaube nicht.

Und er ließ keinen mitkommen, außer Petrus, Jakobus und Johannes, den Bruder des Jakobus. Sie gingen zum Haus des Synagogenvorstehers. Als Jesus den Tumult sah und wie sie heftig weinten und klagten, trat er ein und sagte zu ihnen: Warum schreit und weint ihr? Das Kind ist nicht gestorben, es schläft nur. Da lachten sie ihn aus. Er aber warf alle hinaus (Markus 5,37–40a).

Drei Jünger gehen mit Jesus zum Haus des Synagogenvorstehers. Daraus ist zu erkennen, dass der Evangelist Wert auf die apostolische Bezeugung der Tradition legt. Die Tatsächlichkeit des Todes des Mädchens wird durch die Totenklage bezeugt. Jesus bemerkt widerwillig den Lärm der Klagefrauen, der Flötenspieler und einer Menge Leute, die laut schreiend den Tod beklagen. Eine derartige Totenklage ist für ein jüdisches Trauerhaus charakteristisch. Die Flötenspieler eröffnen und begleiten die Klagelieder, die im Wechselchor vorgetragen werden. Selbst bei einem Trauerfall in einer armen Familie sind wenigstens ein Flötenspieler und eine Klagefrau anwesend. Das Weinen der Trauergäste und das Heulen der Klagefrauen schlägt in dem Augenblick in höhnisches Gelächter des Unglaubens um, als Jesus vom »Schlaf« des Mädchens spricht.

Wenn Jesus vom schlafenden Mädchen spricht, so nimmt er in der Verstorbenen schon das von ihm hervorgerufene Leben wahr. Er sieht das Kind so, wie Gott es sieht: lebend. Für ihn ist somit das kommende Reich ebenso schon gegenwärtig. Der Tod ist letztlich nur vorläufig; er ist ein Schlaf der Auferstehung entgegen. Die alte Redeweise vom »Entschlafen« ist von der Kirche beibehalten worden, denn sie lebt in der Gewissheit der künftigen Auferstehung von den Toten.

Er ist doch nicht ein Gott von Toten, sondern von Lebenden (Markus 12,27a). Jesus erkennt die Wirklichkeit des Todes nicht an und erweist sich letztlich als Herr über den Tod. Die Macht des Todes jedoch ist für die Menschen so stark und unerschütterlich, dass seine Überwindung durch Jesus nur Gelächter und Hohn auszulösen vermag. Sie machten die menschliche Erfahrung, dass der Tod seine Beute nicht mehr wieder hergibt.

Jesus will alles Aufsehen vermeiden und bloßen Wunderglauben fernhalten. Er wirft die Flötenspieler und Klagenden aus dem Haus, um das Wunder der Auferweckung in der Stille zu wirken.

> *Er aber warf alle hinaus und nahm den Vater des Kindes und die Mutter und die, die mit ihm waren, und ging in den Raum, in dem das Kind lag. Er fasste das Kind an der Hand und sagte zu ihm: Talita kum!, das heißt übersetzt: Mädchen, ich sage dir, steh auf! Sofort stand das Mädchen auf und ging umher. Es war zwölf Jahre alt. Die Leute waren ganz fassungslos vor Entsetzen. Doch er schärfte ihnen ein, niemand dürfe etwas davon erfahren; dann sagte er, man solle dem Mädchen etwas zu essen geben* (Markus 5,40b–43).

Das Wunder der Erweckung wird eingeleitet, indem Jesus die Umstehenden hinausschickt, um mit den Eltern, seinen drei Jüngern und der Toten allein zu sein. Da der Herr weiß, was geschehen wird, ist Totenklage nicht am Platz. Die Hände Jesu berühren die Hände des Mädchens, sodass sie sich aufrichtet. Die rettende und helfende Hand Gottes, die das auserwählte Volk aus der ägyptischen Knechtschaft befreit hat, kommt darin zum Ausdruck. Jesus, der direkt in und aus der Kraft Gottes handelt, ruft die Tote sowohl durch Berührung als auch durch sein gebietendes Wort ins Leben zurück. Das Wort ist in Aramäisch überliefert.

»Steh auf!« meint, gehe den Weg, den du selbst gehen kannst, und bestimme selbst die Richtung deines Lebens. (Hat nicht auch Jesus sich selbst als Zwölfjähriger seinen Eltern gegenüber abgrenzen müssen, als er allein im Haus seines Vaters verweilte?) Das Mädchen besitzt keinen eigenen Namen, sondern sie ist lediglich die Tochter oder das Töchterchen des Synagogenvorstehers Jaïrus. Mit zwölf Jahren ist sie allerdings heiratsfähig und kein Mädchen mehr, sondern sie ist jetzt eine Frau. Sie ist jetzt mehr als nur die Tochter des Jaïrus, sie ist ein selbstständiger Mensch, der aufsteht und umhergeht, wie er es möchte.

Jesu Anordnung, der Auferstandenen etwas zu essen zu geben, soll andeuten, dass sie ganz gesund ist und auf eigenen Beinen stehen kann. Das Wunder der Auferweckung wird durch das Umhergehen und das Essen beglaubigt, sodass es durch die Umstehenden anerkannt wird. Vor auserwählten Zeugen, vor Jaïrus und seiner Frau und den drei Jüngern, leuchtet das Ostergeheimnis auf. Der Vater darf alles, was er verloren hat, aus der Hand Jesu wieder empfangen. Da die »Tochter des Jaïrus« für ihren Vater, der sie für sich allein beanspruchte, gestorben ist, kann sie in Wirklichkeit leben und ihrem Vater auf einer ganz neuen Ebene des Lebens begegnen.

Jesus trägt den Zeugen auf, niemandem etwas davon zu erzählen, denn er wünscht sein Geheimnis vor den Ungläubigen zu verbergen. Das eigentliche Wunder dieser Auferweckung – der ersten, die Jesus im Neuen Testament wirkt – ist das Entstehen des Glaubens, der Gott den Sieg über den Tod zutraut. Diesen Glauben besitzt – was die Heilung einer Krankheit betrifft – die blutflüssige Frau und darüber hinaus der Synagogenvorsteher Jaïrus, der an die Auferstehung der Toten durch Jesus Christus glaubt.

2. Kapitel

Jesus erweckt den Jüngling von Naïn

Die zweite der drei Totenerweckungen im Neuen Testament ist die des Jünglings von Naïn. Nur der Evangelist Lukas berichtet von dieser Erweckung von den Toten. Der Bischof Titus von Bostra, einer im Süden von Syrien gelegenen Stadt, schreibt in der zweiten Hälfte des vierten Jahrhunderts:

> »Der Erlöser handelt nicht in der gleichen Weise wie Elija, der den Sohn der Witwe von Sarepta beweinte, nicht wie Elischa, der seinen Körper über den Körper des Kindes warf, nicht wie Petrus, der für Tabita betete. Er ist der, welcher Nichtseiende und Seiende ruft, der Tote wie Lebende anzusprechen vermag.«

Naïn ist eine Stadt im Süden Galiläas. Sie liegt am Fuß des Berges Tabor an einer Straße, die vom See Gennesaret durch die Ebene nach Samaria führt. Jesus kommt mit seinen Jüngern aus der nördlich gelegenen Stadt Kafarnaum, wo er durch den tiefen Glauben eines Hauptmanns dessen schwer kranken Diener heilte (vgl. Lukas 7,1–10).

Und es geschah danach, dass er in eine Stadt namens Naïn kam; seine Jünger und eine große Volksmenge folgten ihm. Als er in die Nähe des Stadttors kam, siehe, da trug man einen Toten heraus (Lukas 7,11–12a).

Da die Anteilnahme groß ist, ist auch der Trauerzug lang. Tote zu beklagen und zu begraben, gilt allgemein als Liebeswerk. Die Begräbnisstätten liegen außerhalb der Stadt. Es ist Spätnachmittag, da Bestattungen immer am Abend des Todestages stattfinden. Es ist kein geschlossener Kastensarg zu vermuten, sondern eine Tragbahre mit dem in Leichentücher gewickelten Körper. Der Zug des Lebens, der durch das Tor in die Stadt einziehen möchte, begegnet dem Zug des Todes, der durch das Stadttor auszieht. Durch seine Initiative verhindert Jesus, dass der Zug des Lebens, dem der Herr vorangeht, an dem Zug des Todes vorbeizieht.

Der Tote, der aus der Stadt getragen wurde, war der einzige Sohn seiner Mutter, einer Witwe. Und viele Leute aus der Stadt begleiteten sie. Als der Herr die Frau sah, hatte er Mitleid mit ihr und sagte zu ihr: Weine nicht! (Lukas 7,12b–13).

Die Stadtbevölkerung nimmt am Schicksal der Mutter großen Anteil. Eltern tragen schwer daran, wenn sie ihr Kind nicht vor dem Tod bewahren können. Vielleicht lastet auch auf der Mutter des Jünglings von Naïn ein gewisser Vorwurf, nicht alles dafür getan zu haben, um seinen Tod zu verhindern. Die Verzweiflung über den Verlust ihres einzigen Sohnes ist groß. Mit dem verstorbenen Jüngling wird nicht nur ein Toter, sondern auch die Hoffnung zu Grabe getragen. Er ist der einzige Sohn seiner Mutter, die Witwe ist. Hat eine Witwe Kinder, so wird sie von diesen unterhalten. Mutter sein ist das höchste Glück der hebräischen Frau. Jetzt aber, nachdem ihr einziger Sohn gestorben ist, gehört sie zu den »Witwen und Waisen«.

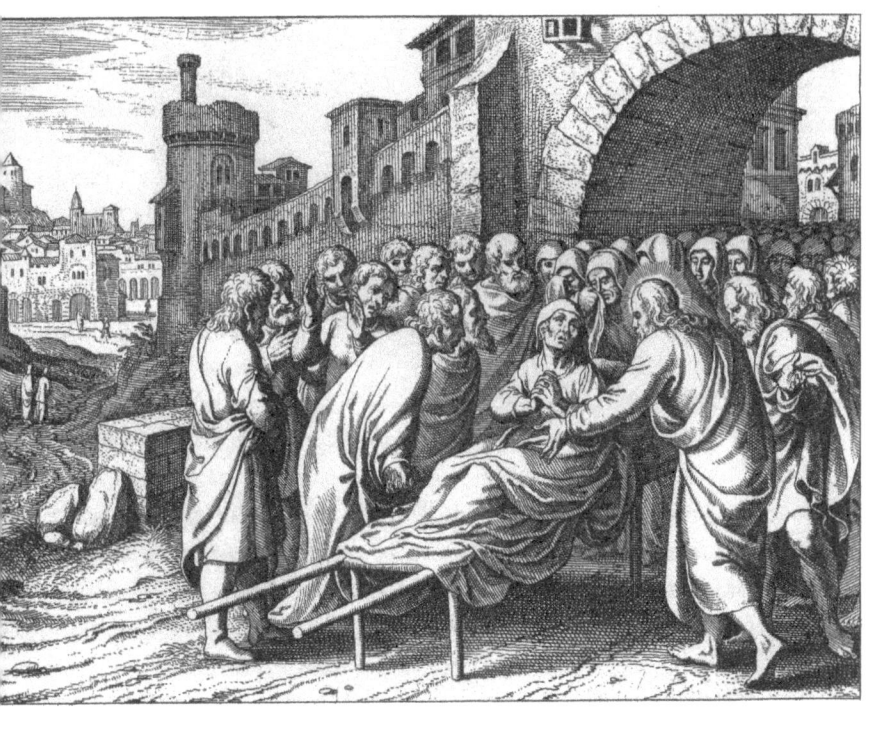

Sie ist namenlos und verkörpert eine Mutter in tiefer Trauer. Zu dem Schmerz über den Tod ihres einzigen Sohnes kommt noch eine Reihe sozialer Gründe, die ihre Situation erschweren. Jeglicher Unterhalt wird ihr jetzt fehlen; sie hat keine Einkünfte und muss ein ausgegrenztes Leben in Armut führen. Durch ihren Sohn, ihre Stütze und ihr Leben, war sie abgesichert. Alle Erwartungen dieser Frau richteten sich auf ihn. Sie lebte von der Hoffnung, durch ihren Sohn versorgt zu sein und nicht in Not zu geraten.

Jesus empfindet Mitleid mit der Mutter und wendet sich daher mit seinem ersten Wort an sie: *Weine nicht!* Damit zeigt er, dass es nicht nur um machtvolle Taten geht, bei denen er der Wundertäter ist, sondern um die sich erbarmende Liebe. Die gesamte »Göttlichkeit« Jesu und die damit verbundene »Fülle der Macht« ruhen in seinem grenzenlosen Erbarmen. So tritt die erbarmende Macht Jesu besonders der Mutter wie auch dem Leichenzug entgegen und lässt ihn stillstehen.

Und er trat heran und berührte die Bahre. Die Träger blieben stehen und er sagte: Ich befehle dir, junger Mann: Steh auf! Da setzte sich der Tote auf und begann zu sprechen und Jesus gab ihn seiner Mutter zurück (Lukas 7,14–15).

Die Berührung der Bahre – wie Lukas nach griechischer Vorstellung schreibt – ist für die Träger Zeichen zum Halten. Die Bahre eines Toten zu berühren geschieht nie und darf nicht geschehen, denn das macht den Israeliten kultisch unrein. Jesus aber durchbricht als Urheber des Lebens diese Begrenzung und er schenkt durch die Berührung dem Toten Leben.

- *… Gott, der die Toten lebendig macht und das, was nicht ist, ins Dasein ruft* (Römerbrief 4,17).
- *Den Urheber des Lebens habt ihr getötet* (Apostelgeschichte 3,15a).

Indem Jesus die Totenbahre berührt, greift er die Ursachen auf, die zum Tod des Jünglings führten. Jesus wird den Jüngling erst aus dem Schattendasein des Todes herausholen, wenn die Tränen der Mutter aufhören, die ihren Sohn unter anderem damit festhält, und die Trauernden innehalten und nicht mehr mit ihrem Bedauern und Beklagen fortfahren. Unter dem Vollmachtswort Jesu kehrt das Leben in den Jüngling zurück, er richtet sich auf und beginnt zu sprechen. Und Jesus gibt der Mutter ihren Sohn zurück. Wenn unter dem Wort Jesu Tote ins Leben zurückkehren, zeigt sich, dass das Reich Gottes nahe ist.

Durch die Auferweckung lässt Jesus den Jüngling erfahren, dass er nicht nur das Kind seiner Mutter ist, sondern auch ein Kind Gottes. Er, der begonnen hat, selbst neu zu leben, kehrt jetzt zu seiner Mutter zurück. Wie die Tochter des Jaïrus, der Jesus zu essen geben lässt, wieder den Appetit am Leben zurückgewonnen hat, so erfährt auch der Jüngling neues Leben – losgelöst von den vielleicht zu engen Bindungen seiner Mutter an ihn. Nachdem der zwölfjährige Jesus im Bereich seines Vaters gereift war und sich selbst gefunden hatte, konnte er als »Erwachsener« zu seinen Eltern zurückkehren und er empfand sich nicht mehr als Eigentum seiner Eltern. Wenn ein Mensch aufwacht zu sich selbst, zu dem, wie ihn der Schöpfer gewollt hat, gibt er Zeugnis für die Liebe Gottes.

Wo menschliche Hoffnung ihr Ende erreicht hat, da handelt Gott in Jesus Christus. *Ich befehle dir, junger Mann: Steh auf!* (Lukas 7,14).

Wie der verlorene Sohn, so war auch der Jüngling von Naïn losgerissen vom Vater, von dem alles Leben kommt. *Denn mein Sohn war tot und lebt wieder* (Lukas 15,24). Wenn das Wort Gottes den Menschen trifft, so beginnt er ein neues Leben. In Christus steht der vor uns, der den Tod zu besiegen vermag und der Leben zurückgibt. Weil Gott die

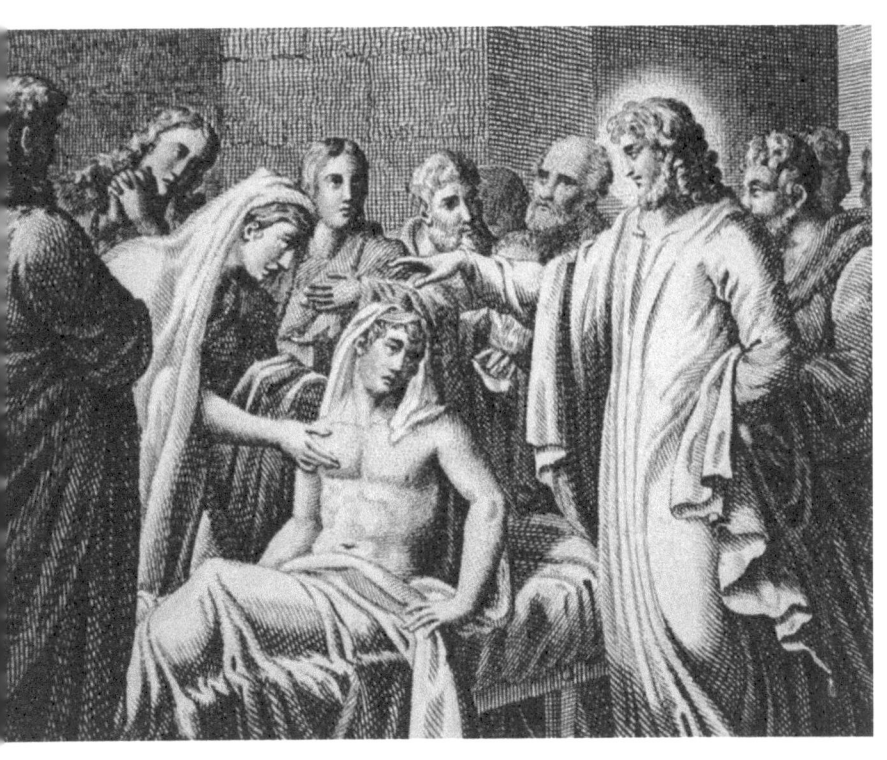

Menschen liebt, ist die Liebe stärker als der Tod. So hilft die Liebe Jesu zu uns Menschen, den Tod zu besiegen.

Amen, amen, ich sage euch: Die Stunde kommt und sie ist schon da, in der die Toten die Stimme des Sohnes Gottes hören werden; und alle, die sie hören, werden leben (Johannes 5,25).

Indem Jesus den Jüngling von Naïn, nachdem er ihn auferweckte, seiner Mutter zurückgibt, vereinen sich der Zug des Lebens und der Zug des Todes zu einem einzigen Chor, der Gott lobt und preist.

- In seiner 18. Predigt sagt Meister Eckehart: »Das ewige Wort und das lebendige Wort, in dem alle Dinge leben und das alle Dinge erhält, das sprach das Leben in den Toten, und er richtete sich auf und begann zu sprechen.«
- »In allen guten Menschen ist Gott ganz, und es gibt ein Etwas in der Seele, worin Gott lebt, und es gibt ein Etwas in der Seele, wo die Seele in Gott lebt. Wenn aber die Seele sich herauskehrt auf äußere Dinge, so stirbt sie, und Gott stirbt auch für die Seele. Deshalb aber stirbt er keineswegs an sich selbst; vielmehr lebt er in sich selbst fort« (39. Predigt).
- »Und es ist in gewisser Weise beängstigend, dass die Seele so oft von dem abfällt, worin Gott seine ganze Macht auswirkt; das aber gehört dazu, dass die Seele wieder lebendig werde« (52. Predigt).

In Jesus sehen die Leute, die der Auferweckung des Jünglings von Naïn beiwohnen, einen zweiten Propheten Elija, dessen Wiederkunft für das Ende der Tage verheißen war.

- Auf die Frage Jesu an seine Jünger, für wen ihn die Leute halten: *Sie antworteten: Einige für Johannes den Täufer, andere für Elija* (Lukas 9,19a).

- *Bevor aber der Tag des Herrn kommt, der große und furchtbare Tag, seht, da sende ich zu euch den Propheten Elija* (Maleachi 3,23).
- Im Loblied auf Elija schreibt der Weisheitslehrer: ... *der aufgeschrieben ist für Zurechtweisungen für künftige Zeiten, um den Zorn vor dem Ausbruch zu besänftigen* (Jesus Sirach 48,10).

Die Kunde von der Auferweckung des Jünglings von Naïn geht durch das ganze jüdische Land und noch weit darüber hinaus. Das Wort und das Tun Jesu haben den Drang, die Welt zu erfüllen. Wer es vernommen hat, gibt es weiter. Das Volk sieht in dem Wunder die messianische Erwartung als erfüllt.

Alle wurden von Furcht ergriffen; sie priesen Gott und sagten: Ein großer Prophet ist unter uns erweckt worden: Gott hat sein Volk heimgesucht. Und diese Kunde über ihn verbreitete sich überall in Judäa und im ganzen Gebiet ringsum (Lukas 7,16–17).

Der Bericht von der Auferweckung des Jünglings von Naïn wird in Zusammenhang mit den zeitgenössischen Erwartungen voll verständlich. Für die messianische Zeit erhofft und erwartet man die Aufhebung des Todes:

- *Durch die barmherzige Liebe unseres Gottes wird uns besuchen das aufstrahlende Licht aus der Höhe, um allen zu leuchten, die in Finsternis sitzen und im Schatten des Todes, und unsre Schritte zu lenken auf den Weg des Friedens* – so sprach Zacharias, vom Heiligen Geist erfüllt (Lukas 1,78–79).
- *Geht und berichtet Johannes, was ihr gesehen und gehört habt: Blinde sehen wieder, Lahme gehen und Aussätzige werden rein; Taube hören, Tote stehen auf und Armen wird das Evangelium verkündet* (Lukas 7,22).

3. Kapitel

Auferweckung des Lazarus

Johann Christoph Friedrich Bach (1732–1795), der zweit-jüngste Sohn Johann Sebastian Bachs, war am Bückeburger Hof als Konzertmeister tätig. Hier lernte er den Hofprediger und Kulturphilosophen Johann Gottfried von Herder (1744–1803) kennen, nach dessen Texten Bach 1773 das Oratorium »Die Auferweckung des Lazarus« komponierte. Der äußere Anlass für die Entstehung des Lazarus-Oratoriums war der Tod des erst neunundzwanzigjährigen Grafen Ferdinand Johann, eines Zwillingsbruders der Gräfin Maria Eleonore, der Frau des Grafen zu Schaumburg-Lippe in Bückeburg.

Auch Franz Schubert (1797–1828) nahm sich musikalisch dieses Evangeliums an und komponierte nach dem Libretto von A. H. Niemeyer 1820 das Oratorium »Lazarus«, das leider nur als Fragment überliefert wurde. Es besteht aus drei Akten und stellt eine Mischung aus Kantate, Oratorium und geistlicher Oper dar. Aller Wahrscheinlichkeit nach wurde dieses Werk Schuberts am 11. April 1830, einem Ostersonntag, in Wien uraufgeführt.

Die »Auferweckung des Lazarus« ist auch zu einem Thema der Malerei geworden. Früheste Darstellungen finden sich bereits in der Katakombenmalerei und auf alten christlichen Sarkophagen. Lazarus wird zum Symbol für die Kraft, die in der Lage ist, den Tod zu überwinden. Michelangelo malte 1609 die »Auferweckung des Lazarus« und Rembrandt van Rijn nahm sich dieses Themas um 1630 an. Vincent van Gogh malte seine »Auferstehung des Lazarus« 1889/1890 – angeregt durch Rembrandts gleichnamiges Bild.

Im Menschen liegt eine tiefe Sehnsucht nach Zukunft, nach endgültiger Zukunft, die unser Leben bewahrt. Der Tod darf nicht das Ende sein. Wir leben und wir möchten weiterleben. Alle Versuche, den Tod zu beseitigen, bleiben erfolglos; sie können ihn nur hinausschieben. Jesus selbst beseitigt den Tod nicht, aber er überwindet ihn. Auf dem Weg zu einem Grab gibt das Evangelium berechtigte Hoffnung.

Ein Mann war krank, Lazarus aus Betanien, dem Dorf der Maria und ihrer Schwester Marta. Maria war jene, die den Herrn mit Öl gesalbt und seine Füße mit ihrem Haar abgetrocknet hat; deren Bruder Lazarus war krank (Johannes 11,1–2).

Lazarus trägt den Namen des durch den Tod hindurchgegangenen und in Abrahams Schoß aufgenommenen Lazarus im Gleichnis beim Evangelisten Lukas (vgl. 16,19–31). »Lazarus« ist ein hebräischer Name und heißt übersetzt »Gott hat geholfen«.

Mit dem Bericht von der Auferweckung des Lazarus – der Evangelist Johannes ist der Einzige, der darüber schreibt – beginnt die Leidensgeschichte Jesu Christi. Bei Johannes werden die Wundertaten Jesu auch »Zeichen« genannt. Das erste Zeichen, das Jesus im Johannesevangelium wirkt, die Verwandlung des Wassers in Wein bei der Hochzeit in Kana, geschieht aufgrund des Glaubens seiner Mutter Maria. *So tat Jesus sein erstes Zeichen, in Kana in Galiläa, und offenbarte seine Herrlichkeit und seine Jünger glaubten an ihn* (Johannes 2,11).

Das letzte Zeichen Jesu im Johannesevangelium, das durch den Glauben Marias, der Schwester des Lazarus und der Marta, geschieht, ist die Erweckung des Lazarus von den

Toten. Hier zeigt sich eine ähnliche Offenbarungsfülle wie bei der Hochzeit in Kana. Bei beiden Zeichen steht das Vordringen der Stunde Jesu in der Offenbarung seiner Herrlichkeit im Mittelpunkt. Ziel der Offenbarung Jesu und seiner Herrlichkeit ist die Ausweitung des Glaubens zu denen, die das Zeichen sehen. Beide Zeichen sind auf das Ziel der Zeiten ausgerichtet: die kommende Welt. Das hochzeitliche Fest ereignet sich für den Glaubenden schon hier und jetzt im eucharistischen Mahl. Die Auferweckung des Lazarus weist auf Jesu eigenes Hineingehen in den Tod und auf das Wirklichwerden der Erweckungsverheißungen Jesu hin. Das letzte Zeichen wird zum unmittelbaren Anlass für den Todesbeschluss des Hohen Rates gegen Jesus (vgl. Johannes 11,46–53).

Der Glaube ist Mitvoraussetzung für das von Jesus gewirkte Zeichen, das Offenbarungsgeschehen. Bei der Hochzeit in Kana ist es der Glaube seiner Mutter Maria, bei der Erweckung des Lazarus der Glaube von dessen Schwester, die ebenso Maria heißt. Jesus kann seine Herrlichkeit nur da offenbaren, wo man an ihn glaubt. Der Glaube also löst das Zeichen aus und hat dann zugleich ansteckende und übergreifende Vollmacht. Indem diese Offenbarung geschieht und Jesu göttliche Wirklichkeit aufleuchtet, weitet sich der Glaube zu anderen aus.

Der Evangelist Johannes schrieb zur Auferweckung des Lazarus einen sehr umfangreichen Text mit vielen Einschüben. Um einen besseren Überblick zu haben, wird daher das elfte Kapitel wie folgt gegliedert:

1. Die Vorgeschichte der Totenerweckung: Die Nachricht von der Erkrankung des Lazarus von Betanien (Vers 1–6).
2. Das Gespräch Jesu mit den Jüngern und der Gang nach Betanien (Vers 7–16).
3. Das Gespräch Jesu mit Marta in Betanien (Vers 17–27).

4. Die Begegnung Jesu mit Maria und den Juden (Vers 28–37).
5. Der Gang zum Grab und die Öffnung des Grabes (Vers 38–41a).
6. Die Auferstehung des Lazarus (Vers 41b–44).
7. Der Todesbeschluss des Hohen Rates und Jesu Rückzug nach Efraim (Vers 45–54).

Ehe sich jedoch das letzte Zeichen Jesu vollzieht, bedarf es einer besonderen Vorbereitung. Gleich am Anfang der Lazarus-Perikope weist Johannes auf Maria hin, die den Herrn im Voraus für sein Begräbnis salbte. *Da nahm Maria ein Pfund echtes, kostbares Nardenöl, salbte Jesus die Füße und trocknete sie mit ihrem Haar. Das Haus wurde vom Duft des Öls erfüllt* (Johannes 12,3). Maria wies damit prophetisch Jesus als den Gesalbten Gottes aus, der durch seinen Tod hindurch als der Erhöhte sein Haus, die Kirche, mit dem Heiligen Geist erfüllt.

Lazarus, der Bruder von Maria und Marta, war krank. *Daher sandten die Schwestern Jesus die Nachricht: Herr, sieh: Der, den du liebst, er ist krank* (Johannes 11,3).

Viermal wird gesagt, dass Lazarus krank ist. Und dann wird Lazarus, nachdem er gestorben ist, vier Tage im Grab liegen. Viermal wird im Lazarus-Kapitel des Johannes auch gesagt, wie lieb Jesus Lazarus hat (vgl. Johannes 11,3.5.11.36). Der Evangelist braucht für die Weise, wie Jesus liebt, das Wort »agapao«, um damit die göttliche Liebe anzudeuten. Gott selbst ist Agape. Vier ist die Erdenzahl, die Zahl der Elemente und der Himmelsrichtungen, die Zahl des irdischen Menschen.

Drei ist die göttliche Zahl, die Zahl für den Urgrund Liebe, die das All trägt, und der sich alles verdankt. Als Urliebe, als Agape, ist Gott Dreieinigkeit. Jesus, die menschgewordene Urliebe, liegt nicht vier Tage, sondern drei Tage im Grab.

Die göttliche Dimension geht mit in die Sphäre des Todes ein, durchdringt sie mit sich selbst und führt zur Auferstehung Jesu Christi. Die »Krankheit« des Lazarus ist der Hinweis darauf, dass diese volle Verbundenheit mit dem Urgrund Liebe nicht besteht. Der Mensch krankt zunehmend an diesem Verlust und stirbt am Ende. Die göttliche Liebe jedoch erweckt ihn und schenkt ihm neu das Leben in der Liebe.

Als Jesus das hörte, sagte er: Diese Krankheit führt nicht zum Tod, sondern dient der Verherrlichung Gottes. Durch sie soll der Sohn Gottes verherrlicht werden. Jesus liebte aber Marta, ihre Schwester und Lazarus. Als er hörte, dass Lazarus krank war, blieb er noch zwei Tage an dem Ort, wo er sich aufhielt (Johannes 11,4–6).

Die Schwestern Marta und Maria, mit denen Jesus freundschaftlich verbunden ist – der Evangelist Lukas berichtet, wie Jesus bei ihnen einkehrt (10,38–42) –, schicken einen Boten zu Jesus, der ihm die Nachricht von der Krankheit ihres Bruders Lazarus bringt. Sie erwarten, dass Jesus sofort kommen und helfen wird. Die Dringlichkeit wird unterstrichen durch ihr Wort: *Dein Freund ist krank.* Vom rein Menschlichen her betrachtet ist die Antwort Jesu eine Verweigerung des erbetenen Freundschaftsdienstes. Jesu Verhalten jedoch bekommt einen Sinn, wenn man seine Worte bedenkt: »Diese Krankheit führt nicht zum Tod, sondern zur Verherrlichung Gottes« (vgl. Johannes 11,4a). Dies bedeutet, dass es nicht bei dem tödlichen Ausgang bleibt und der Tod nicht das Letzte ist.

Jesus liebt Lazarus, und er zeigt dem kranken Lazarus diese Liebe so, dass er ihn durch den Tod hindurch – er lässt ihn erst sterben – zum Leben erweckt. Der Weg des Lazarus gleicht dem Weg Jesu, der letztlich kein Weg zum Tod ist, sondern durch den Tod hindurch zur Verherrlichung, zur Auferstehung und zum Leben führt.

- *Der letzte Feind, der entmachtet wird, ist der Tod* (1. Korintherbrief 15,26).
- *Der Tod und die Unterwelt aber wurden in den Feuersee geworfen* (Offenbarung 20,14a).
- *Er wird alle Tränen von ihren Augen abwischen: Der Tod wird nicht mehr sein, keine Trauer, keine Klage, keine Mühsal* (Offenbarung 21,4a).

Im intensiven Gespräch mit den Jüngern sagt Jesus ihnen: *Lazarus, unser Freund, schläft; aber ich gehe hin, um ihn aufzuwecken* (Johannes 11,11). Wie bei der Auferweckung der Tochter des Jaïrus gebraucht Jesus auch bei der Auferweckung des Lazarus dasselbe Bild vom Todesschlaf. Durch das Zeichen der Totenerweckung sollen die Jünger Jesu für die Stunde seines Todes gerüstet sein; sie sollen den erkennen, der den eigenen Tod überwindet und der Welt das Leben gibt. Doch die Jünger verstehen ihren Herrn und Meister noch nicht.

> *Da sagten die Jünger zu ihm: Herr, wenn er schläft, dann wird er gesund werden. Jesus hatte aber von seinem Tod gesprochen, während sie meinten, er spreche von dem gewöhnlichen Schlaf. Darauf sagte ihnen Jesus unverhüllt: Lazarus ist gestorben* (Johannes 11,12–14).

Obwohl Jesus von der Krankheit des Lazarus hört, den er zusammen mit seinen Schwestern Maria und Marta sehr lieb gewonnen hat, bleibt er noch zwei Tage an dem Ort, an dem er sich gerade aufhält. Er mutet Lazarus das Äußerste an Glauben und Vertrauen zu – und er stirbt, ohne dass Jesus kommt. Lazarus stirbt in der Annahme, von Gott, auf den er sich verließ, verlassen zu sein. Jesus weiß, wem er das zumutet und warum er es Lazarus zumutet. Dieser stirbt und ein Stein wird vor sein Grab gewälzt. In dem Augenblick, als Jesus innerlich erfährt, dass Lazarus gestorben ist, beschließt er, zusammen mit seinen Jüngern zu ihm zu gehen. Da Betanien drei Kilometer von Jerusalem entfernt am östlichen Abhang des Ölbergs liegt, dauert es eine Weile, bis sie dort ankommen. Bei der Ankunft Jesu und seiner Jünger liegt Lazarus schon vier Tage im Grab.

Dass Lazarus schon vier Tage im Grab liegt, zeugt davon, dass er wahrhaft verstorben ist. Nach jüdischer Auffassung kehrt die Seele eines Verstorbenen noch drei Tage lang zum Grab zurück. »Die ganze Stärke der Trauer ist erst am dritten Tag. Drei Tage lang kehrt die Seele an das Grab zurück, sie meint, dass sie in den Leib zurückkehren werde. Wenn sie aber sieht, dass die Farbe seines Angesichts sich verändert hat, dann geht sie davon und verlässt ihn« (Bar Qappara, um 220 n. Chr.). Die Zeitangabe von vier Tagen schließt jeden Zweifel am eingetretenen Tod aus.

Viele Juden waren zu Marta und Maria gekommen, um sie wegen ihres Bruders zu trösten. Als Marta hörte, dass Jesus komme, ging sie ihm entgegen, Maria aber blieb im Haus. Marta sagte zu Jesus: Herr, wärst du hier gewesen, dann wäre mein Bruder nicht gestorben (Johannes 11,19–21).

Es war üblich – außer im Anschluss an die Grablegung – noch an den sieben folgenden Tagen in das Trauerhaus zu kommen. Dieses Trösten ist nicht mit der lauten Totenklage durch Flötenspieler und weinende Frauen zu verwechseln, wie sie beim Tod der Tochter des Jaïrus stattfand.

Im Gespräch Jesu mit Marta zeigt sich, dass sie nicht an eine sofortige Auferstehung, die Jesus ihr verspricht, glauben kann. Es gibt für sie nur eine Auferstehung am Jüngsten Tag (vgl. Johannes 11,22–27).

Nach diesen Worten ging sie weg, rief heimlich ihre Schwester
Maria und sagte zu ihr: Der Meister ist da und lässt dich rufen.
Als Maria das hörte, stand sie sofort auf und ging zu ihm. Denn
Jesus war noch nicht in das Dorf gekommen; er war noch dort,
wo ihn Marta getroffen hatte. Die Juden, die bei Maria im Haus
waren und sie trösteten, sahen, dass sie plötzlich aufstand und
hinausging. Da folgten sie ihr, weil sie meinten, sie gehe zum
Grab, um dort zu weinen (Johannes 11,28–31).

Maria wartet, bis Jesus sie ruft, denn er braucht ihren Glauben, um das Zeichen der Erweckung zu wirken. Sobald Maria hört, dass der Meister sie ruft, geht sie eilends zu ihm. An-
ders ist es bei Marta. Sie geht Jesus von sich aus entgegen, als
sie hört, dass er kommt. Bei ihr ist keine Eile geboten, da es
ihr unbegreiflich ist, dass Jesus so lange fernblieb und zudem
der Tod ihres Bruders auf ihr lastet. Diese Last lähmt ihren
Schritt. Maria dagegen wird durch den Ruf Jesu in einer gewissen Weise entlastet und läuft ihm schnell entgegen; ihre
tiefe Trauer und ihre Tränen um ihren verstorbenen Bruder
Lazarus werden ihr jedoch vorerst noch nicht genommen.

Marta geht Jesus von sich aus entgegen; von ihr wird auch
nicht gesagt, dass sie weint. Sie reflektiert und spricht mit Jesus über das Geschehen, um das Wegbleiben Jesu in ihren
Glauben einordnen zu können. Für sie muss es unbegreiflich
gewesen sein, dass Jesus nicht eher gekommen ist und seinen
Freund Lazarus sterben ließ. *Marta sagt zu Jesus: Herr, wärst*
du hier gewesen, dann wäre mein Bruder nicht gestorben. In diesen Worten liegt ein leiser Vorwurf. Direkt zu fragen: »Warum bist du nicht rechtzeitig gekommen?«, steht ihr nicht zu.

Maria, im Unterschied zu Marta, sagt in der Begegnung
mit Jesus als Erstes zwar den gleichen Satz wie Marta: *Herr,*
wärst du hier gewesen, dann wäre mein Bruder nicht gestorben,
doch bei ihr hat es einen anderen Grund. Sowohl bei Marta
als auch bei Maria kann sich jetzt eine angestaute seelische

Not Jesus gegenüber öffnen. Maria verwickelt Jesus nicht in ein Gespräch, sondern sie fällt ihm zu Füßen und erkennt damit schweigend den göttlichen Ratschluss an. In der Gegenwart Jesu sind für Maria alle Fragen überflüssig. Im Niederknien vor Jesus – es wiederholt sich bei der Salbung in Betanien – wird sie gefühlt oder gesagt haben: »Herr, du weißt alles. Deine Liebe ist größer als all mein Begreifen.«

Marta dagegen bleibt in einer gewissen Distanz; sie braucht das Gespräch mit Jesus, da sie sein Verhalten mit ihrem Verstehen nicht zusammenbringen kann. Daher führt ihr Dialog mit Jesus sie nicht über die letzte Schwelle des Glaubens. Dies wird erst sein, wenn Marta wie ihr Bruder Lazarus aus dem Tod ins Leben hinübergegangen ist, das heißt, wenn sie sich selbst gestorben ist. Maria als diejenige, die vor Jesus niederkniet und den Tod ihres Bruders beweint, ist bereits in dem Geschehen ganz gegenwärtig und braucht weder Worte noch Verständnis. Sie kommt dahin, wo Jesus ist: in den Bereich des Lebens.

> Jesus sagte: *Wo habt ihr ihn bestattet? Sie antworteten ihm: Herr, komm und sieh! Da weinte Jesus. Die Juden sagten: Seht, wie lieb er ihn hatte* (Johannes 11,34–36).

Jesus gibt den Tränen der Maria dadurch recht, dass auch er weint, als er die aus Liebe kommenden Tränen der Maria und der anderen sieht. Durch Marta hat Jesus Maria rufen lassen, denn er braucht ihren Glauben, um das Zeichen zu wirken, das zu einem Offenbarungsgeschehen wird. Er kann seine Herrlichkeit nur da offenbaren, wo man an ihn glaubt. Die Auferweckung des Lazarus ist Jesu Antwort auf den Glauben Marias, nicht den der Marta, die sich erst an der Schwelle zum Glauben befindet.

Und er ging zum Grab. Es war eine Höhle, die mit einem Stein verschlossen war. Jesus sagte: Nehmt den Stein weg! Marta, die Schwester des Verstorbenen, entgegnete ihm: Herr, er riecht aber schon, denn es ist bereits der vierte Tag. Jesus sagte zu ihr: Habe ich dir nicht gesagt: Wenn du glaubst, wirst du die Herrlichkeit Gottes sehen? (Johannes 11,38b–40).

Marta muss erst eigens von Jesus die Worte hören: *Wenn du glaubst, wirst du die Herrlichkeit Gottes sehen.* Maria dagegen glaubt und sieht, bevor das Zeichen der Auferweckung geschieht. Marta wird die Herrlichkeit Gottes in Jesus erst sehen können, wenn sie durch das Zeichen zum Glauben gelangt ist. Vor der Schwelle sieht man nur, was Jesus wirken kann und was sein Gebet erreicht; jenseits der Schwelle erkennt man jedoch, wer Jesus in Wahrheit ist. Letzteres heißt erst wirklich glauben.

Da nahmen sie den Stein weg. Jesus aber erhob seine Augen und sprach: Vater, ich danke dir, dass du mich erhört hast. Ich wusste, dass du mich immer erhörst; aber wegen der Menge, die um mich herumsteht, habe ich es gesagt, damit sie glauben, dass du mich gesandt hast (Johannes 11,41–42).

Bevor Jesus Lazarus erweckt, betet er offen vor allen Umstehenden zu seinem Vater, damit sie erkennen, dass der Vater ihn allezeit erhört. Dieses Erkennen ist die letzte Vorstufe zum Glauben – jenseits der Schwelle –, in dem Marta bereits lebt. Aber erst, wenn ihr Bruder Lazarus aus dem Tod ins Leben hinübergegangen ist und sie dieses Erweckungsgeschehen in ihrem Inneren vollzogen hat, wird auch sie die Herrlichkeit Gottes in Jesus Christus sehen – aber erst, wenn ihr wie ihrem Bruder alle Totenbinden, alle Gebundenheiten an nur Irdisches, genommen sind.

Die Vollmacht, vom Tod in das Leben zu führen, empfängt Jesus in seinem Gebet – so, wie jegliches Heilswirken Jesu das Ergebnis seines Betens ist.

Nachdem er dies gesagt hatte, rief er mit lauter Stimme: Lazarus, komm heraus! Da kam der Verstorbene heraus; seine Füße und Hände waren mit Binden umwickelt und sein Gesicht war mit einem Schweißtuch verhüllt. Jesus sagte zu ihnen: Löst ihm die Binden und lasst ihn weggehen! (Johannes 11,43–44).

Viele der Juden, die zu Maria gekommen waren und gesehen hatten, was Jesus getan hatte, kamen zum Glauben an ihn. Aber einige von ihnen gingen zu den Pharisäern und berichteten ihnen, was er getan hatte (Johannes 11,45–46).

Der Hohe Rat sieht, dass Jesus zu viele Zeichen tut, und befürchtet, dass alle an ihn glauben. Der Hohepriester Kajaphas meint, dass es besser ist, wenn ein einziger Mensch für das Volk stirbt, als wenn das ganze Volk zugrunde geht.

Von diesem Tag an waren sie entschlossen, ihn zu töten. Jesus ging von nun an nicht mehr öffentlich unter den Juden umher, sondern zog sich von dort in die Gegend nahe der Wüste zurück, zu einer Stadt namens Efraim. Dort blieb er mit seinen Jüngern (Johannes 11,53–54).

Nach der Auferweckung des Lazarus, dem letzten und größten Zeichen, das Jesus nach dem Evangelisten Johannes wirkt, sind die Pharisäer und Hohenpriester derart aufgebracht, dass sie eine Versammlung des Hohen Rates einberufen. Hier wird beschlossen, ihn zu töten. Da die Stunde Jesu jedoch noch nicht gekommen ist, zieht er sich aus der Nähe Jerusalems – Betanien liegt drei Kilometer davon entfernt – wieder zurück an einen abgelegenen Ort.

DRITTER TEIL

SINNBILDER DER SÜNDIGEN SEELE

Selig der Mann, der nicht nach dem Rat der Frevler geht,
nicht auf dem Weg der Sünder steht,
nicht im Kreis der Spötter sitzt,
sondern sein Gefallen hat an der Weisung des Herrn.
(Psalm 1,1–2a)

Sinnbilder der sündigen Seele

Die Frevler, Sünder und Spötter sind Menschen, die sich von Gott losgesagt haben. Die Frevler oder Experten, deren Welt lückenlos berechenbar ist, wissen auf jede Frage eine »kluge« Antwort und sind mit Ratschlägen schnell bei der Hand. Das Verhalten der Sünder ist eher gleichgültig allem Guten gegenüber und entbehrt jeglicher Hoffnung. Die Spötter wehren Probleme mit spöttischen Bemerkungen ab, sie reden Übles und verbreiten es öffentlich.

Der Vers 1 des ersten Psalms ist kunstvoll aufgebaut.

- Nach dem Rat der Frevler gehen.
- Auf dem Weg der Sünder stehen.
- Im Kreis der Spötter sitzen.

Die Verben »gehen« (innerlich), »stehen« (nach außen sichtbar werden) und »sitzen« (sich öffentlich niederlassen) drücken die Gemeinschaft mit Sündern in gewollter Steigerung aus. Geht man nach dem Rat der Frevler, steht man auf dem Weg der Sünder und sitzt letztendlich im Kreis der Spötter, wird man in steigendem Maß Gott gegenüber schuldig.

Es ist für viele Menschen nicht einfach, in der Welt mit ihren vielen Versuchungen zu bestehen und ihren Lebensweg zu gehen, ohne in den Sog des Bösen und der Sünde zu geraten. Die ersten beiden Verse von Psalm 1 sprechen davon, wie Menschen den Willen Gottes ignorieren und damit Gott verlassen. Die weiteren Verse (Psalm 1,3–6) beschreiben den umgekehrten Weg: Ein Mensch verwurzelt sich immer tiefer in Gott und das menschliche Wesen spiegelt immer klarer wider, wie Gott den Menschen gedacht hat.

Der erste Schritt, sich von Gott loszusagen, besteht darin, dass ich mein Ohr – gemeint ist damit auch das innere, geistige Ohr – jemandem öffne, von dem ich weiß, dass er von Gott nichts wissen will. Ich lasse mich vielleicht durch sein Ansehen oder seine Intelligenz dazu verleiten, mich zu öffnen, weil ich erwarte, von ihm viel lernen zu können. Doch weiß ich bereits, dass er Gott nicht liebt. Trotz dieser Erkenntnis wende ich mich diesem Menschen zu. Wenn ich mein Ohr einem Menschen leihe, der es nicht wirklich gut mit mir meint, beginne ich bereits, mich von Gott abzuwenden. Ich höre nicht mehr auf seine Stimme, sondern auf eine andere, gottferne Stimme. Ich folge der Stimme eines Fremden und nicht der des guten Hirten. Damit fängt alles an. Es fängt damit an, dass ich mich mit Menschen ins Einvernehmen setze, die mir einreden, etwas anderes als der Wille Gottes sei wichtig, etwas anderes, das schön und erstrebenswert ist.

Der nächste und zweite Schritt: Ich begehe die Sünde tatsächlich, die mir der böse Einfluss dieses Menschen eingebracht hat. Damit befinde ich mich bereits auf dem Weg der Sünder.

Der weitere, sich daraus entwickelnde Schritt führt dazu, dass ich mich im Kreis der Spötter niederlasse und bei ihnen sitze. Sehr schnell hat die Sünde um sich gegriffen und ich gewöhne mich mehr und mehr an sie und an das entsprechende sündige Verhalten. Einen Anfang kann zum Beispiel die Lüge machen. Ich pflege eine bestimmte böse Heimlichkeit, die ich durch eine Lüge vor anderen zu verschleiern und zu verbergen suche. Ich gewöhne mich daran und schnell wird diese Lüge zu einem Teil meines Lebens. Langsam komme ich zu der Überzeugung, gut mit diesem Fehlverhalten zu leben, und ich bringe auch andere dazu, so zu leben wie ich.

S. AVGVSTINVS.

Dabei passiert es allzu leicht, dass ich damit beginne, über etwas zu spotten, das mir früher viel bedeutete und mir sogar heilig war.

Ich beginne damit, die Sünde, die ich selbst begehe, auch anderen beizubringen und sie in die Atmosphäre des Sündigen hineinzusaugen. Ich sitze, wo die Spötter sitzen: auf dem Lehrstuhl der Pestilenz. So heißt es im Lateinischen: »Sedet in cathedra pestilenciae« (»Er sitzt auf dem Lehrstuhl der Pest«). Gemeint ist damit ein Mensch, der anderen beibringt, wie man Böses tut und sich gegen den Willen Gottes durchsetzt.

In seinen Vorträgen über das Johannesevangelium (»Tractatus in Iohannis evangelium«, 49,3) stellt der Kirchenvater Aurelius Augustinus (354–430) einen Zusammenhang her zwischen den drei Totenerweckungen im Neuen Testament und den drei Stufen der Sündhaftigkeit. Die drei Tode der Menschen, die Jesus leiblich erweckt hat, spiegeln die Seele wider, die sich durch die Sünde mehr oder weniger weit von Gott entfernt hat.

»Die Taten des Herrn sind nämlich nicht bloß Taten, sondern Zeichen. Wenn es also Zeichen sind, dann deuten sie, abgesehen davon, dass sie wunderbar sind, gewiss noch etwas an.

Wenn also der Herr durch seine große Gnade und seine große Barmherzigkeit die Seelen erweckt, dass wir nicht sterben auf ewig, so erkennen wir ganz gut, dass jene drei Toten, welche er leiblich erweckt hat, etwas bedeuten und versinnbildlichen in Bezug auf die Auferstehung der Seelen, die durch den Glauben geschieht: Er erweckte die Tochter des Synagogenvorstehers, die noch im Haus lag; er erweckte einen Jüngling, den Sohn einer Witwe, der schon aus den Toren der Stadt getragen wurde; er erweckte den Lazarus, der schon vier Tage im Grab lag.

Die Sünde ist der Tod der Seele. Aber manchmal sündigt man in Gedanken. Du hast Wohlgefallen gefunden an etwas Bösem, du hast eingewilligt, du hast gesündigt; die Einwilligung hat dich getötet; aber der Tod ist inwendig, weil der böse Gedanke noch nicht in die Tat übergegangen ist. Um die Erweckung einer solchen Seele anzudeuten, erweckte er jenes Mädchen, welches noch nicht hinausgetragen war, sondern im Haus tot dalag: Die Sünde war gleichsam verborgen.

Wenn du aber nicht bloß in die böse Lust eingewilligt, sondern auch das Böse selbst getan hast, so hast du gleichsam einen Toten zum Tor hinausgetragen; du bist schon draußen und als tot hinausgetragen. Dennoch hat der Herr auch ihn erweckt und der Witwe, seiner Mutter, zurückgegeben. Wenn du gesündigt hast, dann tu Buße, und der Herr erweckt dich und gibt dich der Kirche, deiner Mutter, zurück. Der dritte Tote ist Lazarus. Es gibt eine sehr schlimme Art von Tod, sie heißt böse Gewohnheit. Denn das eine ist zu sündigen, etwas anderes ist es, aus der Sünde eine Gewohnheit zu machen. Wer sündigt und sich sogleich bessert, lebt schnell wieder auf, weil er noch nicht in die Gewohnheit verstrickt, noch nicht begraben ist. Wer aber gewohnheitsmäßig sündigt, der ist begraben, und mit Recht sagt man von ihm: ›Er riecht!‹, denn er fängt an, einen schlechten Ruf zu haben, gleichsam einen abscheulichen Geruch. Von solcher Art sind alle Gewohnheitssünder, alle sittlich Verdorbenen. Du sagst zu ihm: ›Tu das nicht!‹ Wann hört er dich, er, den die Erde so sehr drückt, der von der Verwesung aufgelöst und von der Last der Gewohnheit beschwert wird?

Aber dennoch war auch zu seiner Erweckung die Kraft Christi nicht zu gering. Wir kennen, wir sahen, wir sehen täglich Menschen, die ihre böse Gewohnheit ablegen und dann besser leben als ihre früheren Tadler.«

Bei den frühen Christen wurde den Taufschülern, die in der Regel Erwachsene waren, deutlich gemacht, dass Christus nicht nur der Überwinder des Bösen ist, sondern auch des Todes. Bevor von der eigentlichen Auferstehung Jesu Christi gesprochen wurde, lernten sie – so, wie die Bibel vorgeht – die drei Totenerweckungen kennen, die Jesus selbst vollzog:

- Die Auferweckung der Tochter des Synagogenvorstehers Jaïrus (Matthäus 9,18–26; Markus 5,21–43; Lukas 8,40–56).
- Die Auferweckung eines jungen Mannes in Naïn (Lukas 7,11–17).
- Die Auferweckung des Lazarus (Johannes 11,17–44).

Die Taufschüler begriffen, dass die Heilstaten Jesu etwas enthielten, was sie selbst überdauert und was in geistige und seelische Bereiche hinüberreicht. Sie erfuhren etwas Transzendierendes, das Jesus aus göttlicher Vollmacht tat, etwas Zeitüberdauerndes.

Die drei Toten, die Jesus auferweckte, waren ein Kind, ein Jüngling und ein Mann. Der Tod wird von immer reiferem Leben erfahren und ist somit immer tiefer vollendet. Das Kind ist noch jung und liegt in der Kammer, als Jesus ihm begegnet. Bei der Tochter des Jaïrus ist der Tod gerade erst eingetreten.

Der Jüngling wird auf einer Bahre durch das Stadttor zu Grabe getragen. Unterhalb des Stadttores begegnet Jesus dem Trauerzug und der Mutter, die ihren toten Sohn auf dem letzten Weg begleitet. Bei dem Jüngling von Naïn ist der Tod schon auf dem Weg in die Erde hinein.

Lazarus, ein reifer Mann, ist bereits beerdigt und liegt schon vier Tage im Grab; Verwesungsgeruch geht von ihm aus. An diesen drei Totenerweckungen wird deutlich, dass Jesus Macht über jeden Tod hat.

Die Reihenfolge dieser drei Tode – Tochter des Jaïrus, Jüngling von Naïn und Lazarus – entspricht den drei Stufen der Sünde, wie sie in Psalm 1 geschildert sind.

- »Nach dem Rat der Frevler gehen« entspricht der 12-jährigen Tochter des Jaïrus, die gerade verstorben in der Kammer liegt.
- »Auf dem Weg der Sünder stehen« symbolisiert den Jüngling von Naïn, der sich auf offener Straße bereits auf dem Weg zum Grab befindet.
- »Im Kreis der Spötter sitzen« ist ein Bild für den verstorbenen Lazarus, der vier Tage im Grab liegt und von dem bereits Verwesungsgeruch ausgeht.

Der erste, gerade eingetretene Tod ist mit der ersten Stufe der Sünde gleichzusetzen. Wenn der Mensch nicht mehr auf Gott hört und seine Weisung nicht mehr ernst nimmt, wenn er sich von gottfernen und gottlosen Menschen beraten lässt, dann bedeutet dies ein Hinwegsterben von Gott. Wenn wir uns sagen lassen, wie unser Leben ohne Gott besser aussehen könnte als bisher, dann geschieht eine Abwendung von Gott. In dieser Abwendung von Gott hat sich in unserem Inneren der Tod bereits vollzogen. Ich lebe nicht mehr wirklich vor Gott in der Verbundenheit mit ihm. Ich zerreiße sie, indem ich nicht mehr auf ihn und sein Wort höre. Mir wird eingeredet, dass ich in jeglicher Hinsicht selbst mein Leben bestimmen kann – und so vollziehe ich es auch. All das geschieht zunächst innerlich.

Die Sünde, wenn ich gewillt bin, nach dem Rat der Frevler zu gehen, beginnt in unserem Inneren analog der Kammer, in der die Tochter des Jaïrus gerade verstorben ist. Das Tor der Wahrnehmung ist den Gott Abgewandten geöffnet und ihr Rat bekommt immer mehr Macht über mich. Der Tod eines Kindes, das gerade im Zimmer des Hauses verstorben ist, symbolisiert die Abwendung von Gott durch die Sünde, die sich zunächst in unserem Inneren vollzieht. Der Mensch »stirbt« mehr und mehr von Gott hinweg, bis der »Tod« eintritt, die Verdunkelung der Seele durch die Sünde.

Die zweite Stufe der Sünde und damit des Todes der Seele vor Gott ist bildlich im Tod des Jünglings von Naïn ausgedrückt, der öffentlich zu Grabe getragen wird. Die Sünde und der durch sie entstehende Tod sind jetzt nicht mehr nur im Inneren, sondern die Sünde wird zur Tat. Ich gehe den Weg der Sünde, das bedeutet: Ich vollziehe das Gottwidrige, das nicht Gottgemäße, und wende mich dem reinen Egoismus zu, der Lüge und dem Betrug, der Ausbeutung anderer und vielem mehr ... Ich befinde mich auf einem Abweg, der von Gott wegführt, und praktiziere den Tod auf den Wegen des Lebens. Meine Lebensstraße ist somit durch Praktiken gekennzeichnet, die sich nicht mit Gott und seiner Weisung vereinbaren lassen.

Die Sünde, die erst verborgen in mir war, dringt jetzt nach außen und nimmt auch für andere erkennbare und sichtbare Gestalt an. Die Sünde offenbart sich öffentlich, wenn sie zur Tat und offen sichtbar wird. Die Sünde auf der Straße des Lebens ist – im Bild gesprochen – der Weg zum Grab. Der Tod ereilt im Jüngling von Naïn reiferes Leben, das heißt, die Sünde tritt offen zutage. Jesus und mit ihm der Zug des Lebens sind im Begriff, in die Stadt einzuziehen, und treffen dabei auf den Zug des Todes, der auf dem Weg zum Grab aus der Stadt hinauszieht. Jesus stellt sich den Weg – und damit der Sünde in den Weg, die fortschreiten will.

Der Benediktiner und Geschichtsschreiber Beda Venerabilis (672–735) schreibt:

»Der Tote, der vor den Augen vieler Menschen aus den Stadttoren getragen wurde, bezeichnet den Menschen, der in den Todesschlaf der Sünden gefallen ist, und zwar so, dass der Tod seiner Seele nicht mehr in der Kammer des Herzens verborgen gehalten wird, sondern durch Worte und Taten vielen zur Kenntnis gekommen ist.«

Die letzte Stufe des Todes vor Gott spiegelt sich im Tod des Lazarus wider. »Im Kreis der Spötter sitzen« bedeutet, dass ein Mensch sich zum Lehrer der Sünde gemacht hat und andere mit Lebenspraktiken verführt, die das Gegenteil des göttlichen Willens beinhalten. Durch sie wird das Licht völlig verdunkelt, das durch Jesus Christus in diese Welt kam. Von vielen Seiten werde ich versucht, mein Leben nur nach den Gesichtspunkten des Lustgewinns auszurichten. Es wird mir eingeredet, dass ein möglichst großer Lustgewinn das Leben lebenswert macht. Wie ich ihn erreiche, ist mir weithin freigestellt. Damit ich möglichst viel vom Leben habe, darf ich alles tun – selbst wenn ich mit dem Gesetz in Konflikt komme.

Im Kreis der Spötter sitzen diejenigen – so drückt es Psalm 1 aus –, die die Weisheitslehre, die Tora Gottes, verachten und ihr Gegenteil lehren. Die Sünde ist jetzt zu einer Lehre geworden, die sich wie Pesthauch verbreitet und andere ansteckt. Der Geruch des Todes, der von Lazarus ausgeht, versinnbildlicht den höchsten und schärfsten nach außen gerichteten Aspekt der Sünde. Der Anspruch der Unterweisung ist wie Pest, die tiefste Stufe, die die Sünde erreichen kann. In der Reihenfolge zunehmender Sünde ist es der schwerste Fall, wenn andere bewusst in den Sog der Sünde hineingezogen und angesteckt werden. Die Seele desjenigen, der so etwas tut, ist bereits tot und in der Gewohnheit der Sünde begraben.

Wenn es auch so scheint, als ob ein Mensch infolge seiner Sündhaftigkeit nicht mehr von Gott erreichbar wäre, so hat der Herr doch Macht über jeden Tod und damit auch über jede Sünde.

- Jesus begegnet dem Tod in der gerade verstorbenen Tochter des Jaïrus. Er gebietet dem Tod Einhalt und schenkt das Leben zurück, indem er sagt: *Talita kum!, das heißt übersetzt: Mädchen, ich sage dir, steh auf!* (Markus 5,41). Im Inneren des Hauses spricht der Herr eher leise und »sagt« etwas.

- Jesus begegnet dem Tod im Jüngling von Naïn, der zu Grabe getragen wird. Als die Träger stehen bleiben, hören alle auf offener Straße die Stimme Jesu: *Ich befehle dir, junger Mann: Steh auf!* (Lukas 7,14). Da Jesus hier nicht leise spricht, sondern sogar befiehlt, wird er eine stärkere Vollmacht und größere Kraft benötigt haben, um den Jüngling ins Leben zurückzurufen.

- Jesus begegnet dem Tod in Lazarus, dem verstorbenen Bruder von Marta und Maria. Durch ein inniges Gebet zum Vater, in das Jesus alle Umstehenden mit hineinnimmt, schöpft er Kraft, dieses Wunder der letzten Totenerweckung zu vollbringen, von dem uns im Neuen Testament berichtet wird. *Nachdem er dies* (Gebet) *gesagt hatte, rief er mit lauter Stimme: Lazarus, komm heraus!* (Johannes 11,43). Um den bereits seit vier Tagen im Grab liegenden Lazarus zurück ins Leben zu rufen, bedurfte Jesus der Erneuerung der Beziehung zum Vater und einer noch größeren Kraft. Daher »ruft« er mit lauter Stimme. Bei diesem Tod des reifen Lebens, das heißt bei der Sünde des reifen Lebens, bedarf es der stärksten Intensität Jesu, um den Verstorbenen zurückzurufen. Jesu Macht vermag es, bis in die tiefsten Gräber des Sündentodes durchzudringen.

Der immer größer werdende Aufwand, den Jesus leistet, um diesen drei Toten das Leben zurückzugeben, ist unübersehbar. Aus dem »Sagen« wird ein »Befehlen« und aus dem »Befehlen« ein »Rufen mit lauter Stimme«.

Es ist weiterhin bemerkenswert, dass bei allen drei Totenerweckungen Fürbitter beteiligt sind, die das Herz Jesu

anrühren und bewegen. Es sind die Bitten und der Glaube des Jaïrus; es sind die Tränen der Mutter, die ihren einzigen Sohn beerdigt, und die Bitten von Marta und Maria – vornehmlich aber der starke Glaube Marias, der Schwester des verstorbenen Lazarus.

Von sich aus können die Toten nichts tun – sie bedürfen derjenigen, die sich bei Gott bittend für sie einsetzen. Die, die selbst das Leben haben, wollen es für den Toten erbitten. Der Ruf, der die Gnade auslöst, kommt bei den drei Totenerweckungen immer aus dem Schoß der Familie. Daher sollte besonders die eigene Familie nicht müde werden, um die Erweckung der Seele eines Angehörigen zu beten. Denn oft hat die Seele keine Stimme und keine Kraft mehr, um in die Richtung des Vaters aufzubrechen. Gott spricht alle an und die gesamte Kirche, wenn es um die Erweckung der Toten und die Erlösung von der Sünde geht.

Ein Wunderbares und ein Letztes: Alle, die vom Herrn gerufen und von ihm auferweckt werden, hören als Erstes seine liebende Stimme und sehen das liebende Antlitz Jesu Christi.

Vierter Teil

Hinabgestiegen in das Reich des Todes

Hinabgestiegen in das Reich des Todes

Nun aber ist Christus von den Toten auferweckt worden als der Erste der Entschlafenen. Da nämlich durch einen Menschen der Tod gekommen ist, kommt durch einen Menschen auch die Auferstehung der Toten. Denn wie in Adam alle sterben, so werden in Christus alle lebendig gemacht werden (1. Korintherbrief 15,20–22).

In der westlichen Kirche wird der Auferstandene vornehmlich als Sieger abgebildet, der mit einer Siegesfahne dem Grab entsteigt. Die ostkirchlichen Ikonen der »Auferstehung« (Anastasis) dagegen zeigen Jesus, wie er hinabsteigt in das Reich des Todes. Sie werden daher auch »Höllenfahrt Christi« genannt. Von den Evangelisten erwähnt nur Matthäus kurz dieses Geschehen:

Denn wie Jona drei Tage und drei Nächte im Bauch des Fisches war, so wird auch der Menschensohn drei Tage und drei Nächte im Schoß der Erde sein (Matthäus 12,40).

Der Hinweis auf Jona ist ein Zeichen des Todes und der Auferstehung Jesu Christi. Jona wurde im Bauch des Seeungeheuers drei Tage und drei Nächte als Strafe für seinen Ungehorsam festgehalten. Dann aber wurde er wunderbar errettet und zur Predigt nach Ninive geschickt. Der Menschensohn wird drei Tage im Schoß der Erde, das heißt in der Unterwelt, sein in der Erfüllung seines Gehorsams.

Im apokryphen Nikodemusevangelium (5. Jahrhundert) ist ausführlich die »Höllenfahrt Christi« beschrieben. Christus hat den Tod durch seine Auferstehung von den Toten besiegt. Durch sein Kommen zerbrechen die schweren Pforten und eisernen Riegel der Unterwelt.

Die meisten Darstellungen der »Höllenfahrt« zeigen – wie hier die Kupferstiche von Albrecht Dürer und Martin Schongauer – den »Descensus«, das heißt das Hinabschreiten oder Niederbeugen Christi zu den Voreltern. Beide Maler zeigen, wie Christus Adam und Eva an sich zieht. Man sieht die zerbrochene Tür zur Unterwelt und den Durchbruch des Herrn zu den Erlösungsbedürftigen.

Sehnsüchtig und erwartungsvoll schaut Adam den Herrn an; er kann es einfach nicht fassen, dass ihm Erlösung und Befreiung aus dem Eingeschlossensein zuteilwird – während die Dämonen bis aufs Äußerste aufgebracht sind, denn sie wollen den Herrn am Eindringen in ihre Welt hindern. Die Siegesfahne des Auferstandenen, der den Tod überwunden hat, weht über dem Kreuz ohne Korpus und erfüllt das Bild mit österlichem Licht.

Bei allen Abbildungen dieses Geschehens, das nur einmal kurz in den Evangelien von Matthäus erwähnt wird, bei diesen Bildern der Erlösung steht die heilsgeschichtliche Bedeutung im Vordergrund: die Errettung nicht nur der Voreltern und Gerechten des Alten Testamentes, sondern aller Menschen und die Überwindung des Todes durch das Erlösungswerk Jesu Christi. Die Bilder des »Abstiegs in das Totenreich« möchten dem Betrachter zeigen, wie die Liebe Jesu auf seinem Weg des Abstiegs sichtbar wird und gleichzeitig, wie sich das Irdische mit dem Himmlischen wieder verbindet. Gott steigt in Jesus Christus zu uns Menschen herab, wird ein Mensch wie wir und geht mit uns in jegliches Leiden hinein. Er ist sogar da noch gegenwärtig, wo ein Mensch in äußerster Verlassenheit und gottabgewandt stirbt. Das Bild geht

noch einen Schritt weiter und erzählt das Geheimnis, wie Jesus Christus in die Finsternis der Totenwelt hinabsteigt, sie besiegt und alle zu sich ins Leben ruft.

In der ältesten Mariendichtung der Ostkirche, im byzantinischen Kirchenhymnus »Akathistos«, einem Lobgesang auf die Gottesmutter, heißt es:

Weil er aus Liebe alle begnadigen wollte,
welche der Strafe schuldig sind, kam ureigens er,
der alle Menschen freispricht,
heim als ein Fremder zu denen,
welche fern seiner Gnade lebten.
Und als er so den Schuldschein zerriss,
hörte er aus aller Munde:
Halleluja, Halleluja, Halleluja.

Beim längeren Anschauen des Bildes ist im Niederbeugen Jesu und im Blick der Befreiten eine tragende Kraft zu spüren, die den Menschen in seinem inneren Kampf stärken und seine ihm eingestiftete Sehnsucht nach dem göttlichen Licht und der göttlichen Liebe bewusst machen will. Alles Schwere und Nach-unten-Ziehende wird von Jesu Christi ergreifender Liebe leuchtend umhüllt und leicht:

Wach auf, du Schläfer,
und steh auf von den Toten
und Christus wird dein Licht sein.
(Epheserbrief 5,14b)

In einem nächsten Schritt möchte ich mich meditativ und betend dem eigentlichen Geschehen widmen, das die beiden Kupferstiche darstellen: der Auffahrt Jesu Christi aus der Finsternis des Todes. Der Abstieg in den Tod wird zu einem siegreichen Aufstieg in das Reich des Vaters – dargestellt durch die Osterfahne und den Nimbus um den Kopf des Herrn.

Herr, Jesus Christus, du stiegst hinab
in die Tiefen der Erde,
zermalmtest die Ketten der Toten und standest –
wie Jonas aus dem Meerungetüm – auf aus dem Grab.
Durch dich feiern wir die Tötung des Todes,
die Vernichtung des Bösen,
den Anbruch des ewigen Lebens.
Nun ist alles voller Licht.
Darum jubelt die ganze Schöpfung
über deine Auferstehung.
Lass uns durchstrahlt werden
von dieser Freude und gemeinsam rufen:
Christus ist wahrhaft auferstanden!
(»Osterkanon« des Johannes von Damaskus, gest. um 754)

Der Urheber des Lebens ist hinabgestiegen zu den Toten, und damit wendet sich alles menschliche Leid und der Tod zum Leben. Er ist hinabgefahren in die unerforschten, dunklen Gründe unseres Herzens und unserer Seele, um uns und alles Im-Dunkel-Liegende zu wecken und uns emporzureißen in sein wunderbares Licht. Die ausgestreckte rechte Hand des Erlösers auf dem ersten Bild von Albrecht Dürer hat zwei Gestalten im Griff. Es sind die Stammeltern des Menschengeschlechts: Adam und Eva. Auf dem zweiten Bild von Martin Schongauer ergreift die Linke des Herrn die Hand Adams, an den sich Eva klammert. Sie ist zu erkennen durch den angebissenen Apfel, den sie in ihrer Hand hält.

Wir alle sind von Gott ergriffen. Das Handgelenk Adams liegt fest und sicher im Griff des Erlösers, was die Stammeltern und damit auch alle Menschen als mit dem Herrn unlösbar verbunden ausweist. Das jedoch können sie in diesem Augenblick weder fassen noch begreifen. Der von Gott Ergriffene ist noch gebunden an das Unten und wie gelähmt von Todesbefangenheit. Wie im Traum, wie im Halbschlaf, wirken ihre Gesichter. In dem Augenblick, in dem Christus Adam und Eva aus ihrer Gruft zu sich zieht und sie sich zu ihm aufrichten, können sie endlich ihr Haupt wieder erheben.

Der erste Adam wollte ohne Gott selbst werden wie Gott. Besonders, wenn wir Schlechtes über andere reden und über sie urteilen, bricht auch bei uns das ererbte Verlangen, alles ohne Gott selbst in die Hand nehmen zu wollen, wieder durch und belastet uns und denjenigen, über den wir richten. Der zweite Adam, Christus, ist gekommen, um einzig und allein Gottes Auftrag und seinen Willen zu erfüllen: unsere Rettung und Erlösung. Der erste Adam brachte uns den Tod, der zweite schenkt uns das Leben. Christus versichert: *Ich gebe ihnen ewiges Leben. Sie werden niemals zugrunde gehen und niemand wird sie meiner Hand entreißen* (Johannes 10,28).

Es flog jener Allhirte herab und suchte Adam,
das verirrte Schaf.
Er trug es auf den Schultern und stieg empor.
Er wurde zum Opfer für den Herrn der Herde.
Gepriesen sei sein Erbarmen!

Er sprengte Tau und belebenden Regen
auf jene Maria, die trockene Flur.
Er fiel wie ein Weizenkorn in den Scheol,
er stieg empor als Garbe und neues Brot.
Gepriesen sei sein Opfer!

Von der Höhe stieg zu uns
die göttliche Macht herab,
und aus dem Mutterschoß
erstrahlte uns die Hoffnung.
Aus dem Grab ging uns das Leben auf,
und zur Rechten nahm für uns der König Platz.
Gepriesen sei sein Ruhm.

Aus der Höhe floss er als Strom,
und aus Maria kam er als Wurzel.
Vom Kreuzesholz stieg er als Frucht herab,
und als Erstlingsgabe stieg er zum Himmel empor.
Gepriesen sei sein Wille!

Von der Höhe stieg er herab als Herr,
aus dem Mutterschoß kam er hervor als Knecht,
der Tod sank vor ihm auf die Knie im Scheol
und in seiner Auferstehung betete ihn das Leben an.
Gepriesen sei sein Sieg!
(Ephräm der Syrer, gest. 373, aus dem Hymnus
»de Resurrectione«)

In der Unterwelt erscheint Christus mit wehendem Gewand.
Er bricht das Totenreich auf und ergreift die in der Macht des
Todes Gefangenen, um sie ins Leben zu führen. Seine Füße haben festen Halt, denn sie haben den Dämon zertreten; sie stem-
men sich für den Aufstieg. Die Füße Adams und Evas dagegen
hatten weder Standfestigkeit noch einen Standort. Der Herr ist
ihr Halt, er wird sie im Hinaufziehen auf ihre eigenen Füße stel-
len. Ein Teil des Umhangs Christi flattert bereits im Aufwind.

Zu Füßen des Herrn öffnet sich der Hades. Er hat die Tore
zur Unterwelt für immer aus den Angeln gehoben. Auf beiden
Bildern sieht man die zerbrochenen Türen mit den hinfälligen
Scharnieren. Schlüssel und zerborstene Schlösser fallen ins
Leere. Christus selbst ist der Schlüssel zu diesem Abgrund, ja,
er ist der Schlüssel zu all den Abgründen, die sich auftun
in unserer Seele. Wir versuchen vergeblich, mit unseren selbst-
gefertigten Schlüsseln die Abgründe zu öffnen. Wir versuchen
vergeblich, dem Geheimnis des Todes und der Auferstehung
auf die Spur zu kommen. Unsere Schlüssel fallen nutzlos und
nichtig in den Abgrund, denn nur Jesus Christus allein hat die
Schlüsselgewalt über den Tod und die Welt des Todes.

Als ich ihn sah, fiel ich wie tot vor seinen Füßen nieder. Er aber legte seine rechte Hand auf mich und sagte: Fürchte dich nicht! Ich bin der Erste und der Letzte und der Lebendige. Ich war tot, doch siehe, ich lebe in alle Ewigkeit und ich habe die Schlüssel zum Tod und zur Unterwelt (Offenbarung 1,17–18).

Auferstehungsleben strömt auf die Ergriffenen über. Auch uns möchte der Herr aus der Tiefe ziehen, auch uns hat er aus dem Reich des Todes zum Leben gerufen. Sich von Christus ergreifen zu lassen, heißt zu glauben. Wenn wir uns jedoch seiner entgegenkommenden liebenden Hand entziehen, bleibt alle Anstrengung, zu glauben, unwirklich. Nur durch Hingabe an ihn, der der Schlüssel zum wahren und ewigen Leben ist, geschieht die wunderbare Verwandlung vom Tod zum Leben, indem er selbst uns mitnimmt in dieses unbegreifliche göttliche Tun. Durch ihn und mit ihm und in ihm erfüllt sich die Hoffnung, dass alle Schuld und alles Leid verwandelt werden in Heil und Segen für jeden Einzelnen von uns.

Herr, Jesus Christus,
du hast uns durch deinen Tod
und deine Auferstehung die Tür zum Leben aufgetan,
die niemand mehr schließen kann.

Komm, Herr Jesus, ergreife unsere Hände
und befreie uns aus der Finsternis
und dem Schatten des Todes.

Ich lege ihm den Schlüssel
des Hauses David auf die Schulter.
Wenn er öffnet, kann niemand schließen;
wenn er schließt, kann niemand öffnen.

Ich habe dich geschaffen und dazu bestimmt,
den Gefangenen zu sagen: Kommt heraus!,
und denen, die in der Finsternis sind:
Kommt ans Licht!
(vgl. Jesaja 22,22; 49,8–9)

Im Apostolischen Glaubensbekenntnis beten wir: *Ich glaube
an Jesus Christus, hinabgestiegen in das Reich des Todes, am dritten Tage auferstanden von den Toten.* Geht es hier nicht um die
Hoffnung, dass alle Bereiche des Lebens Wandlung und Erlösung finden? In der frühen Kirche vertrat Origenes (um 185
bis 254) die Lehre, dass am Ende durch das Erlösungswerk
Jesu Christi auch die Hölle aufhören wird. Von dieser Lehre
hat sich die Kirche allerdings distanziert.

Freut euch! Freut euch, ihr heiligen Apostel!
Denn es erglänzt das Licht der Auferstehung.
Freue dich! Freue dich, heilige Jungfrau!
Denn es ist erstanden dein Sohn,
der König des Himmels und der Erde.
Heute mögen sich freuen das gläubige Volk,
das neue Israel der Christen,
denen Christus seine Braut (die Kirche) *gab;*
man soll Hymnen singen in ihr
in der Weise der Engel.
Die Himmlischen singen heute Hymnen;
denn du bist der Herr,
der König des Himmels und der Erde.
Deswegen rühmen wir ihn,
rufen laut und sprechen:
Sei gepriesen, Herr Jesus,
denn du bist erstanden und hast uns errettet.
(»Ostergesang« in den Pascha-Büchern, nach M. Cramer)

112

Fünfter Teil

Die beiden Auferweckungen in der Apostelgeschichte

1. Kapitel

Petrus erweckt die Jüngerin Tabita

Dieser Totenerweckung durch Petrus geht eine Krankenheilung voraus. Er wirkt das Wunder der Heilung an dem gelähmten Äneas, der seit acht Jahren ans Bett gefesselt ist. Es gibt Übersetzer, die sagen, es heißt: »Äneas ist seit seinem achten Lebensjahr an das Bett gebunden«.

Petrus ist die Autorität der Jerusalemer Gemeinde. Von hier aus reist er durch das Land, um andere Gemeinden zu besuchen, aber auch, um missionarisch tätig zu sein. Dieses Mal ist er allein unterwegs.

Auf einer Reise zu den einzelnen Gemeinden kam Petrus auch zu den Heiligen in Lydda. Dort fand er einen Mann namens Äneas, der seit acht Jahren lahm und bettlägerig war (Apostelgeschichte 9,32–33).

Die Stadt Lydda (Lod), in der sich Petrus befindet, liegt zwanzig Kilometer von Tel Aviv entfernt. Die Heilung und die anschließende Auferweckung können sich nur ereignen, wo Vertrauen zu Gott herrscht und die Macht seiner Liebe wirksam wird. Petrus lebt mit einem derart großen Vertrauen und Glauben an Gott, dass er aus dieser Quelle Äneas heilen und seine inneren und äußeren Blockaden lösen kann. Petrus kündigt dem Gelähmten an, dass nicht er, sondern Jesus Christus ihn heilen wird.

Petrus sagte zu ihm: Äneas, Jesus Christus heilt dich. Steh auf und richte dir dein Bett! Sogleich stand er auf. Und alle Bewohner von Lydda und der Scharon-Ebene sahen ihn und bekehrten sich zum Herrn (Apostelgeschichte 9,34–35).

Die Heilkraft des im Apostel Petrus gegenwärtigen Herrn wird ganz besonders während der Heilung spürbar. Alle, die diesem Wunder beiwohnen, erfahren in der Heilung des gelähmten Äneas die unmittelbare Nähe einer höheren Macht.

Direkt auf die Heilung des gelähmten Äneas folgt in der Apostelgeschichte des Lukas die Auferweckung der Jüngerin Tabita. Petrus, der sich nach der Heilung noch in Lydda aufhält, wird von zwei Männern, die man zu ihm schickte, gebeten, nach Joppe zu kommen. Die Stadt Joppe (Jaffa), eine Hafenstadt, gehört zu Tel Aviv. Sie ist achtzehn Kilometer von Lydda entfernt, etwa dreieinhalb Stunden Fußweg.

In Joppe lebte eine Jüngerin namens Tabita, das heißt übersetzt: Dorkas – Gazelle. Sie tat viele gute Taten und gab reichlich Almosen. Es geschah aber: In jenen Tagen wurde sie krank und starb. Man wusch sie und bahrte sie im Obergemach auf (Apostelgeschichte 9,36–37).

In Tabita begegnet uns eine edle Frauengestalt der Frühzeit der Kirche. Wie wir im Evangelientext noch hören werden: Sie war eine kunstreiche Schneiderin und Näherin und fertigte vornehmlich Röcke und Mäntel für Witwen. Aller Wahrscheinlichkeit nach war Tabita selbst auch eine Witwe, die viel Gutes für ihre Mitmenschen tat, reichlich Almosen gab und sich sehr für die Witwen einsetzte. Sie erkrankte und starb. Entsprechend der Sitte wird der Leichnam gewaschen und

im Obergemach des Hauses aufgebahrt. Diese Sitte hat sich nicht nur eingebürgert, weil im Obergemach stets ein Luftzug weht, sondern auch in Erinnerung an die beiden Totenerweckungen durch die Propheten Elias und Elischa aus dem Alten Testament.

Da die Beerdigung wegen der Hitze des Orients und aus Furcht vor ansteckenden Krankheiten noch am Todestag stattfindet, ist Eile geboten.

Weil aber Lydda nahe bei Joppe liegt und die Jünger hörten, dass Petrus dort war, schickten sie zwei Männer zu ihm und ließen ihn bitten: Komm zu uns, zögere nicht! Da stand Petrus auf und ging mit ihnen. Als er ankam, führten sie ihn in das Obergemach hinauf; alle Witwen traten zu ihm, sie weinten und zeigten ihm die Röcke und Mäntel, die Dorkas gemacht hatte, als sie noch bei ihnen war (Apostelgeschichte 9,38–39).

Die Witwen, für die Tabita schneiderte und nähte, brachten ihr eine außerordentliche Wertschätzung entgegen. Sie zeigen Petrus die Kleider, die sie gefertigt hatte. Vor der direkten Begegnung des Petrus mit Tabita zeichnet der Evangelist Lukas ein wunderbares Porträt von ihr. Im Gegensatz zur Tochter des Jaïrus und des Jünglings von Naïn wird ihr Name genannt: »Tabita« – übersetzt »Gazelle«. Als Witwe wandte sie sich in besonderer Weise den Witwen zu und wird sicherlich zu günstigen Preisen für sie gearbeitet haben. Aus der Charakterschilderung des Lukas hört man, dass Tabita allgemein viel Gutes tat und entsprechend auch viel Almosen gab. Da sie sehr hoch im Ansehen stand, pflegte man ihren Leichnam besonders, indem man ihn wusch und im Obergemach aufbahrte. Um ihr Ansehen noch weiter ins rechte Licht zu rücken, berichtet der Evangelist, wie die weinenden Witwen dem Petrus die Röcke und Mäntel zeigten, die die Verstorbene für sie gefertigt hatte.

Durch dieses Porträt der Tabita erreicht es Lukas, dass man sich besser in die Situation einfühlen kann. Der Leser wird eine spürbare Steigerung von der vorausgehenden Krankenheilung des gelähmten Äneas bis zu der nun folgenden Totenerweckung erleben. Denn eine Totenerweckung liegt außerhalb des Bereiches menschlichen Vermögens.

Petrus aber schickte alle hinaus, kniete nieder und betete. Dann wandte er sich zu dem Leichnam und sagte: Tabita, steh auf! Da öffnete sie ihre Augen, sah Petrus an und setzte sich auf. Er gab ihr die Hand und ließ sie aufstehen; dann rief er die Heiligen und die Witwen und zeigte ihnen, dass sie wieder lebte (Apostelgeschichte 9,40–41).

Petrus weiß, dass er nicht aus eigener Kraft in der Lage ist, Tote zu erwecken. Er weiß um die Allmacht Gottes. Daher erfleht er – auf den Knien betend – das Wunder. Das Gebet des Petrus zeigt an, dass nicht eigentlich er der Handelnde ist, sondern dass das Wunder ein Hinweis auf die Gegenwart des erhöhten Herrn ist.

Amen, amen, ich sage euch: Wer an mich glaubt, wird die Werke, die ich vollbringe, auch vollbringen und er wird noch größere vollbringen, denn ich gehe zum Vater. Alles, um was ihr in meinem Namen bitten werdet, werde ich tun, damit der Vater im Sohn verherrlicht wird. Wenn ihr mich um etwas in meinem Namen bittet, werde ich es tun (Johannes 14,12–14).

Wie Jesus bei der Totenerweckung der Tochter des Jaïrus das Mädchen anspricht, so spricht hier Petrus die verstorbene Jüngerin Tabita an: *Tabita, steh auf!* Sie öffnet ihre Augen, sieht Petrus an und setzt sich auf. Petrus gibt ihr die Hand und lässt sie aufstehen. Dann ruft er die vorher Anwesenden ins Obergemach und präsentiert ihnen die »Tote«.

120

Das wurde in ganz Joppe bekannt und viele kamen zum Glau-
ben an den Herrn. Es geschah aber, dass Petrus längere Zeit in
Joppe bei einem gewissen Simon, einem Gerber, blieb (Apostelgeschichte 9,42–43).

Der Beruf des Gerbers galt in den Augen der Gesetzeslehrer
als unrein und war nicht geachtet. Indem Petrus gerade bei
ihm wohnt, zeigt er, dass er sich frei fühlt von pharisäischer
Enge. Im darauffolgenden zehnten Kapitel erfahren wir noch
einmal: *Er ist Gast bei einem Gerber namens Simon, der ein Haus*
am Meer hat (Apostelgeschichte 10,6). Da der Beruf des Gerbers bei den Rabbinen verachtet war, erlaubte man ihm nur
wegen der Gerüche, sein Haus am Meer zu haben. Denn noch
einmal heißt es: *Schick jemand nach Joppe und lass Simon, der*
den Beinamen Petrus hat, holen; er ist Gast im Haus des Gerbers
Simon am Meer (Apostelgeschichte 10,32).

In der Erzählung von der Auferweckung der Jüngerin Tabita wird nichts von ihrer zum Tod führenden Krankheit gesagt. Ihr Porträt, das der Evangelist Lukas gezeichnet hat, ist
stimmig, und man vermutet kaum, dass sie vielleicht einem
hohen, jedoch unbewussten Erwartungsdruck ausgesetzt
war, den ihre Kundinnen auf sie ausübten. Hinzu kommt
vielleicht noch, dass Tabita sich ihre persönliche und für jeden so wichtige Zustimmung anderer durch ein Übermaß an
Arbeit und Fleiß erworben oder erkauft hat. Es gab wahrscheinlich niemanden, der sie mit seiner Liebe belebte und
beseelte.

2. Kapitel

Paulus erweckt Eutychus, einen jungen Mann

Der Unfalltod eines jungen Mannes ereignet sich während der dritten Missionsreise des heiligen Paulus in Troas. Troas ist eine Hafenstadt, die im Norden Kleinasiens am Ägäischen Meer liegt. Diese Stadt besuchte Paulus bereits auf seiner zweiten Missionsreise und gründete hier eine christliche Gemeinde. Die Erzählung vom Fenstersturz des Eutychus unterbricht den Reisebericht, den der Evangelist Lukas über die Reisen des Paulus verfasste. Nach den Tagen der Ungesäuerten Brote segelt Paulus von Philippi ab und kommt nach fünf Tagen in Troas an, wo er sich sieben Tage aufhält (vgl. Apostelgeschichte 20,6). Paulus ist auf dem Rückweg nach Jerusalem.

Als wir am ersten Tag der Woche versammelt waren, um das Brot zu brechen, redete Paulus zu ihnen, denn er wollte am folgenden Tag abreisen; und er dehnte seine Rede bis Mitternacht aus (Apostelgeschichte 20,7).

Es gibt einen unbekannten Augenzeugen, der von folgender Begebenheit berichtet. Lukas selbst war nicht anwesend, und auch Paulus kann es nicht sein, denn von ihm wird namentlich berichtet. Wahrscheinlich wird es ein ständiger Begleiter des Paulus sein, der nicht näher beschrieben wird.

Paulus, der am Sabbat in jüdischen Synagogen das Wort Gottes auslegte, tritt jetzt nicht mehr als ein judenchristlicher Missionar unter Juden auf, sondern als Vorsteher des Sonntagsgottesdienstes einer rein christlichen Gemeinde. Am ersten Tag der Woche wird die Auferstehung des Herrn gefeiert. Als Kulttag hat er den jüdischen Sabbat abgelöst. Dieser Tag wird mit der gottesdienstlichen Versammlung der Gemeinde als »Tag des Herrn« gefeiert. Der »Dienst am Wort«, die Verkündigung der Heilsoffenbarung, und das eucharistische Mahl als fester Bestandteil der Liturgie gehören von Anfang an zu dieser sonntäglichen Feier. Die Gemeinde in Troas hat sich zum »Brechen des Brotes« versammelt und feiert zusammen mit Paulus das gemeinsame Liebesmahl.

Die Feier am Tag des Herrn, der Paulus vorsteht, bietet ihm die letzte Gelegenheit, der Gemeinde noch wichtige Dinge zu sagen. Da die Feier am Abend stattfindet und Paulus am nächsten Tag abreisen will, dehnt sich seine Predigt bis Mitternacht aus. Über den Inhalt der Rede ist weiter nichts bekannt. Nach dem tragischen Ereignis, das eine wunderbare Wende nimmt, setzen Paulus und die Gemeinde den Gottesdienst fort, indem sie das Brot brechen.

Die lebendige Erinnerung des Augenzeugen spricht aus den Worten der nun folgenden Geschichte des jungen Mannes. Er erinnert sich an seinen Namen: Eutychus. Er hat das Obergemach im dritten Stock des Hauses im Gedächtnis, in dem viele Lampen brennen, und auch die Predigt des Apostels Paulus, die bis Mitternacht dauert.

In dem Obergemach, in dem wir versammelt waren, brannten viele Lampen. Ein junger Mann namens Eutychus saß am offenen Fenster und sank in tiefen Schlaf, als Paulus immer länger sprach; überwältigt vom Schlaf, fiel er aus dem dritten Stock hinunter; als man ihn aufhob, war er tot (Apostelgeschichte 20,8–9).

Sicherlich haben die vielen Lampen, das heißt die vielen Kerzen, die im Obergemach, dem Versammlungsraum der Gemeinde, brannten, der Luft den Sauerstoff entzogen und sie dunstig und heiß gemacht und somit das Einschlafen des Jünglings begünstigt. Durch das Einschlafen des Eutychus bricht die Verbindung ab, die durch das »Wort« des Paulus hergestellt wurde, aber auch mit dem »Licht«, das das Obergemach hell macht.

Der Ort des Lichtes, der Raum, in dem die Gemeinde das Wort Gottes durch Paulus hört, ist – symbolisch gesprochen – der Raum des Lebens. Und der Ort, an dem das Wort nicht vernommen wird, ist der der Finsternis. Der Raum, in den der Eingeschlafene stürzt, ist der Raum des Todes. So hat die Angabe über das Einschlafen und den Sturz des jungen Mannes während der Predigt durchaus keine heitere Seite, wie manche Ausleger vermuten, die das Einschlafen in einem »langweiligen« Gottesdienst damit in Verbindung bringen.

Indem die Schrift ausdrücklich sagt, dass der junge Mann tot ist: *Als man ihn aufhob, war er tot,* sind alle Spekulationen darüber überflüssig, ob man ihn für tot hielt. Der aus dem Schlaf aus dem Fenster des dritten Stockwerks in den Hof oder auf die Straße gestürzte Mann ist also wirklich tot. Das kann mit Bestimmtheit gesagt werden, denn der Bericht geht von einer Totenerweckung aus. Dies wird auch durch das Verhalten des Apostels Paulus gekennzeichnet. Der Redner machte gut, was er durch seine lange Rede »angerichtet« hatte.

Paulus lief hinab, warf sich über ihn, umfasste ihn und sagte: Beunruhigt euch nicht: Er lebt! Dann stieg er wieder hinauf, brach das Brot und aß und redete mit ihnen bis zum Morgengrauen. So verließ er sie. Den jungen Mann führten sie lebend von dort weg und sie wurden nicht wenig getröstet (Apostelgeschichte 20,10–12).

Die Eutychus-Geschichte wird eingeleitet durch den Bericht, dass viele Lampen im Obergemach brennen, in dem die Versammlung stattfindet. Sie sind Zeichen der Festfreude, die durch den Unfall jäh unterbrochen wird. Paulus steigt sofort hinab und wirft sich über den verstorbenen Eutychus und umarmt ihn. Damit umgibt er ihn mit seiner Nähe und schenkt ihm Zuwendung. Paulus lässt den jungen Mann erfahren, dass sein eigentliches Leben jetzt erst anfängt. *Beunruhigt euch nicht: Er lebt!*, sagt Paulus zu den Umstehenden. »Seine Seele ist in ihm. Im eigentlichen Sinn gibt es vor Gott keinen Tod, denn auch ein in dieser Welt Toter lebt vor Gott.«

Die Erzählung ist von einer doppelten Gegenläufigkeit bestimmt: einer Bewegung vom Obergemach nach unten und wieder nach oben; dann vom Raum des Lichtes in die Nacht hinaus und wieder in diesen festlich und hell erleuchteten Raum zurück. Symbolisch gesehen ist das Obergemach, in dem sich auch die Jünger nach der Himmelfahrt des Herrn versammelten, ein Ort zwischen oben und unten, der die Verbindung der Erde zum Himmel herstellt. Der Rahmen dieser letzten Totenerweckung in der Heiligen Schrift ist der eines Sonntagsgottesdienstes. Hier liegt das früheste Zeugnis für die Praxis eines sonntäglichen Gottesdienstes vor. Paulus besitzt beim Feiern des Wortgottesdienstes und des eucharistischen Mahles die Gabe, im Sinne Jesu Christi das Wort und die Wirklichkeit eins werden zu lassen.

Sie aber zogen aus und verkündeten überall. Der Herr stand ihnen bei und bekräftigte das Wort durch die Zeichen, die es begleiteten (Markus 16,20).

Die Botschaft des Paulus, die an alle geht, die Zeugen dieser Auferweckung sind, lautet: »Glaubt ganz fest und innig an die Auferstehung Jesu Christi, sodass die Angst vor dem Tod nicht euer Leben verstellt.« Paulus bestärkt die Gemeinde in

Troas, zuversichtlich und getröstet in Gott zu sein, gefestigt und voll Leben, wie es Eutychus jetzt ist.

Der neue Tag ist bereits angebrochen, und Paulus geht zu Fuß von der Hafenstadt Troas zu dem fünfunddreißig Kilometer südlich von Troas gelegenen Assos. Er will damit die beschwerliche Seereise vermeiden, da das zu umfahrende Kap seiner stürmischen Nordostwinde wegen berüchtigt und gefährlich ist. In Assos geht Paulus an Bord und segelt nach Mitylene auf Lesbos, der drittgrößten Insel Griechenlands (vgl. Apostelgeschichte 20,13–14).

Literatur

Aurelius Augustinus:
Vorträge über das Evangelium des Hl. Johannes. Übersetzt von Dr. Thomas Specht. Bibliothek der Kirchenväter. II. Band. Kempten und München 1913.

Die Bibel:
Einheitsübersetzung der Heiligen Schrift. Gesamtausgabe. Stuttgart 2016.

Peter Dyckhoff:
Wie hat Jesus gebetet? Illertissen 2017.
Die Stunde Jesu. Illertissen 2018.

Joachim Gnilka:
Das Matthäusevangelium. I. Teil. Freiburg 1986.
Das Matthäusevangelium. II. Teil. Freiburg 1988.

Georg Hentschel:
1 Könige. Kommentar zum Alten Testament. Würzburg 1984.
2 Könige. Kommentar zum Alten Testament. Würzburg 1985.

Josef Kürzinger:
Die Apostelgeschichte. 1. Teil. Düsseldorf ²1978.
Die Apostelgeschichte. 2. Teil. Düsseldorf 1970.

Rudolf Pesch:
Das Markusevangelium. I. Teil. Freiburg [2]1977.
Das Markusevangelium. II. Teil. Freiburg 1977.

Rudolf Schnackenburg:
Das Johannesevangelium. I. Teil. Freiburg [3]1972.
Das Johannesevangelium. II. Teil. Freiburg 1971.
Das Johannesevangelium. III. Teil. Freiburg [2]1976.

Gerhard Schneider:
Die Apostelgeschichte. I. Teil. Freiburg 1980.
Die Apostelgeschichte. II. Teil. Freiburg 1982.

Heinz Schürmann:
Das Lukasevangelium. Erster Teil. Freiburg 1969.
Das Lukasevangelium. Zweiter Teil. Erste Folge. Freiburg 1994.

Jürgen Werlitz:
Die Bücher der Könige. Neuer Stuttgarter Kommentar. Stuttgart 2002.

Ernst Würthwein:
Die Bücher der Könige. ATD, 11,1–2. Göttingen 1984.

Bildnachweis

Erster Teil
Die zwei Totenerweckungen im Alten Testament

1. Kapitel:
Der Prophet Elija erweckt den Sohn der Witwe von Sarepta

1. Bild:
o. A. des Kupferstechers
Die Propheten: David – Daniel – Elija

2. Bild:
o. A. des Kupferstechers
Der Prophet Elija (Ausschnitt aus erstem Bild)

3. Bild:
Jan Saenredam (1565–1607)
Elias in der Wildnis von den Raben gespeist (1604)

4. Bild:
Jan Snellinck (1548–1638)
Elija und die Witwe von Sarepta (um 1585)
Rijksmuseum, Amsterdam

5. Bild:
Jan Snellinck (1548–1638)
Elija mit der Witwe von Sarepta im Gespräch
(Ausschnitt aus viertem Bild)

6. Bild:
Jan Snellinck (1548–1638)
Der Sohn der Witwe von Sarepta
(Ausschnitt aus viertem Bild)

7. Bild:
Jan Snellinck (1548–1638)
Blick auf die Stadt Sarepta
(Ausschnitt aus viertem Bild)

8. Bild:
Jan Saenredam (1565–1607)
Elias und der Feuerwagen (1604)

2. Kapitel:
Der Prophet Elischa erweckt den Sohn der Frau aus Schunem

1. Bild:
Abraham Aubry (um 1655)
Der Prophet Elischa
Kupferstich, Frankfurt

2. Bild:
Matthäus Merian (1593–1650)
Das Ölwunder durch Elischa (um 1630)
Bilderbibel

3. Bild:
Christian Bernhard Rode (1725–1797)
Gehasi versucht mit dem Stab des Elischa
den Knaben zu erwecken (1780)

4. Bild:
Charles-Louis Schuler (1782–1852)
Elischa erweckt den Sohn der Schunemiterin

5. Bild:
o. A. des Kupferstechers
Elischa raises dead boy
Stockphoto Illustrations Nr. 519704902

6. Bild:
Matthäus Merian (1593–1650)
Totenerweckung am Grab des Elischa (um 1630)
Bilderbibel

Zweiter Teil
Die drei Totenerweckungen Jesu im Neuen Testament

1. Kapitel:
Jesus erweckt die Tochter des Jaïrus

1. Bild:
Maarten van Heemskerck (1498–1574)
Christus heilt eine blutflüssige Frau

2. Bild:
Rembrandt van Rijn (1606–1669)
Christus erweckt die Tochter des Jaïrus (um 1655–1660)
Kupferstichkabinett, Berlin

3. Bild:
Rembrandt van Rijn (1606–1669)
Auferstehung der Tochter des Jaïrus

2. Kapitel:
Jesus erweckt den Jüngling von Naïn

1. Bild:
Matthäus Merian (1593–1650)
Die Auferweckung des Jünglings von Naïn (um 1630)
Bilderbibel

2. Bild:
Hieronymus Wierix (1553–1619)
Auferweckung des Jünglings von Naïn

3. Bild:
o. A. des Kupferstechers
Die Witwe und ihr einziger Sohn

4. Bild:
Heinrich Ferdinand Hofmann (1824–1911)
Auferweckung des Jünglings von Naïn

3. Kapitel:
Auferweckung des Lazarus

1. Bild:
o. A. des Kupferstechers
Signatur: Co. Previle, 1551
Evangelist Johannes

2. Bild:
Lucas van Leyden (1494–1533)
Auferweckung des Lazarus (1508)
Rijksmuseum, Amsterdam

3. Bild:
Heinrich Guttenberg (1749–1818)
Die Auferweckung des Lazarus (1796)

136

4. Bild:
Matthäus Merian (1593–1650)
Auferweckung des Lazarus (um 1630)
Bilderbibel

Dritter Teil
Sinnbilder der sündigen Seele

1. Bild:
o. A. des Kupferstechers
Aurelius Augustinus (354–430)

2. Bild:
Hans Burgkmair der Ältere (1473–1531)
Antlitz Christi in einem Ornamentrahmen

Vierter Teil
Hinabgestiegen in das Reich des Todes

1. Bild:
Albrecht Dürer (1471–1528)
Höllenfahrt Christi und Befreiung der Gerechten (1510)
Die große Passion. Grafische Sammlung Albertina, Wien

2. Bild:
Martin Schongauer (1450–1528)
Christus in der Vorhölle (1480–1483)

Fünfter Teil
Die beiden Auferweckungen in der Apostelgeschichte

1. Kapitel:
Petrus erweckt die Jüngerin Tabita

1. Bild:
o. A. des Malers
Petrus und Paulus
Gravur in einer römischen Katakombe, 4. Jahrhundert

2. Bild:
Martin Schongauer (1450–1491)
Petrus mit Schlüssel und Buch (1480)

3. Bild:
Simone Martini (1284–1344)
Fresko »Christus Pantokrator«
Kathedrale Notre-Dame des Doms, Avignon

4. Bild:
Meister E. S. (1420–1467)
Petrus

2. Kapitel:
Paulus erweckt Eutychus, einen jungen Mann

1. Bild:
Martin Schongauer (1450–1491)
Der Apostel Paulus (Kupferstich, Lehrs 42)

2. Bild:
o. A. des Kupferstechers
Eutychus wird von Paulus zum Leben erweckt (um 1720)
Demarne, Frankreich

3. Bild:
Martin Schongauer (1445–1491)
Johannes unter dem Kreuz (1478), Ausschnitt

Titelbild:
Giotto di Bondone (um 1267–1337)
Die Auferweckung des Lazarus (um 1303–1305), Ausschnitt
Fresko, Arenakapelle, Padua

Peter Dyckhoff

Die Stunde Jesu

Um Christus zu folgen, ist ein Erspüren und Einfühlen notwendig. Diese Hinführung zu den Betrachtungen der Hochzeit zu Kana und der letzten Tage Jesu, seines Todes und seiner Auferstehung möchte dazu ermutigen durchzuhalten – selbst dann, wenn Zweifel aufkommen oder Glaubenserfahrungen noch ausbleiben.

Die Texte und Bilder sollen dazu beitragen, uns auf Gott auszurichten und unseren Glauben zu vertiefen. Der Weg führt über die letzten Lebenstage Jesu, durch seinen Tod und sodann in die Auferstehung, in die wir durch Jesus Christus mit hineingenommen sind.

Geb., 160 Seiten, mit 46 Abbildungen
und Lesebändchen
ISBN 978-3-9454018-3-5

Peter Dyckhoff

Wie hat Jesus gebetet?

Damit wir Gottes leise Sprache verstehen, sollten wir hellhörig sein und auch einen Gebetsweg gehen, der uns in eine größere Nähe Gottes führt. Das Beten Jesu hilft uns, diesen Gebetsweg zu finden, denn Jesus wird den offenen Himmel und die Bestätigung des Vaters in seinen einsamen Gebetsstunden erfahren haben. Sein Leben, Leiden und Sterben waren die Erfüllung eines sich langsam vollendenden Gebets. Er war erfüllt von der Gewissheit, dass bei Gott, seinem Vater, das Leben auf ihn wartete.

In diesem Buch wird nicht nur das Beten Jesu betrachtet, sondern auch in jedem Kapitel versucht, einen Gebetsweg für uns zu finden, der Seinem Beten ähnlich ist.

*Geb., 160 Seiten, mit 30 Abbildungen
und Lesebändchen
ISBN 978-3-9454012-8-6*

Zum Autor

Dr. Peter Dyckhoff, 1937 in Rheine geboren, studierte Psychologie und war viele Jahre als Geschäftsführer eines Industriebetriebes tätig. Mit vierzig Jahren wagte er den Neuanfang und studierte Theologie. 1981 zum Priester geweiht, war er als Gemeinde-, Wallfahrts- und Krankenhausseelsorger tätig.

Bischof Dr. Josef Homeyer ernannte ihn zum Spiritual und beauftragte ihn mit dem Aufbau und der Leitung der bischöflichen Bildungsstätte »Haus Cassian«. Seit 1999 lebt Peter Dyckhoff in der Nähe von Münster. Er ist anerkannter Experte für das christliche Ruhegebet und wurde 2006 über dieses Thema zum Doktor der Theologie promoviert. Seine reichen Erfahrungen gibt er durch Fernseh- und Radiosendungen, als Autor von zahlreichen Büchern zur christlichen Gebetslehre und -praxis sowie in der Ausbildung von Lehrenden des Ruhegebetes weiter.

www.PeterDyckhoff.de